신화로 만나는 세계 문명

신화로 만나는
세계 문명

글 김일옥 | 그림 배철웅

스푼북

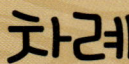

차례

작가의 말 _6

1장

신에게 도전한 최초의 영웅 _10

2장

운명 앞에 선 호루스와 세트 _47

3장

신들의 전쟁으로
탄생한 세상_78

4장

카일라스산의
소란스러운 가족_112

 작가의 말

　세상의 모든 역사의 기록은 신화에서 출발한답니다. 아주 먼 옛날, 책도 없고 텔레비전도 없고, 인터넷도 없던 시절보다 훨씬 더 멀고 먼 옛날을 상상해 보세요. 글자도 없고 종이도 없던 그때 사람들은 아이들에게 이야기를 들려주었을 거예요. 아이들은 늘 궁금한 게 많잖아요.
　"바람은 왜 불죠?"
　"어제는 따뜻했는데, 오늘은 왜 춥죠?"
　어른들은 우리 주변에 있는 물건들을 가지고 설명해 주었을 거예요. 산에 사는 사람들은 산과 나무와 산짐승을 갖고 이야기해 주고, 바닷가에 사는 사람들은 바다와 물고기를 갖고 이야기해 주었겠죠. 또 번개나 바람, 추위처럼 눈에 보이지 않는 것도 사람처럼 생각했어요. 자연의 힘은 무척이나 커서, 인간보다 훨씬 더 힘이 센 존재, '신'이라는 개념으로 설명해 주었답니다. 부모에게서 아이가 태어나듯 인간도 자연, 즉 신이 만든 창조물이라고 여겼어요. 부모가 아이를 보호해 주듯 힘이 센 신이 우리를 보호해 준다면 든든하겠지요? 하지만 늘 지켜 주는 것만은 아니었

어요. 뜬금없이 화를 내거나 성질도 부렸지요. 그럴 땐 어쩔 수 없이 신에게 용서를 빌고 신을 달래 주어야만 했어요.

 정말 작고 사소한 생각에서 시작했지만, 나중에는 이러한 모든 생각과 행동들이 현실이 되어서 신화가 되고 신화는 곧 종교가 되었어요. 종교는 정치가 되고 문화가 되고 과학이 되고 생활이 되고…… 이렇게 차곡차곡 쌓여 역사가 되었지요. 살아가면서 보고 듣는 독특한 사건 사고들, 그리고 정말 특별난 사람의 이야기도 신화 속으로 들어갔어요. 이야기는 이해할 수 없는 일을 고개 끄덕이게 하는 특별한 힘을 가지고 있기 때문이에요. 이야기는 꼬리에 꼬리를 물고 빙글빙글 점점 더 크게 돌아간답니다. 신화에서 역사로, 과학으로, 다시 이야기 속으로 들어가지요.

 처음부터 모든 신화가 한 줄로 꿰어져 있었던 건 아니에요. 시대와 상황에 따라 달라지고 변화하는 걸 누군가가 다듬고 또 하나로 연결하여 정리를 한 것이지요. 그 과정에서 사라진 이야기도 있고 새로 만들어진 이야기도 있어요. 그래서 이 책도 읽다 보면 '어, 이건 내가 아는 이야기와

다른데.' 하고 생각할 수도 있어요. 여러분의 생각이 맞아요. 다르기도 하고 비슷하기도 하고, 또 어떤 점은 뜬금없다 느낄 수도 있겠지요. 하지만 이야기를 받아들인다면 이 이야기는 또 다른 꼬리 속으로 들어갈 거예요. 받아들이지 않는다면 곧 사라져 버리겠지요. 그게 모든 이야기들의 운명이랍니다.

  세상의 모든 이야기, 우리 인류가 가지고 있는 신화는 비슷하기도 하지만 또 서로가 너무 달라요. 사는 곳이 다르고, 사람들의 경험이 다르고, 종교도 다르니까요. 지역마다 민족마다 각자 자신들의 이야기, 신화가 있어요. 비슷한 등장인물도 어느 곳에서는 신이 되고, 어느 곳에서는 정령이 되고, 어느 곳에서는 악마가 되기도 해요. 그래서 세계의 신화를 볼 때에 '이건 우리 신화야.' '그건 저쪽의 이야기야.'라고 편 가르기를 하지 않았으면 좋겠어요. 그냥 신이 악마가 되고 악마가 신이 되면, '왜 그랬을까? 그래서 말하고자 하는 메시지가 뭐지?' 하는 생각만으로도 이야기를 즐기기엔 충분하잖아요?

　이 책은 고대 문명, 그중에서도 4대 문명이라고 불리는 메소포타미아, 이집트, 중국, 인도를 중심으로 이야기가 펼쳐진답니다. 고대 문명 신화를 보며 우리 인류 전체의 경험인 역사를 맛보길 바랍니다. 무엇보다 이 글을 읽는 독자 여러분이 모두 재밌고 즐거웠으면 좋겠어요. 그러다 보면 여러분의 키가 자라듯 어느새 여러분의 지식도 쑥쑥 자라날 거예요.

김일옥

1장

신에게 도전한 최초의 영웅

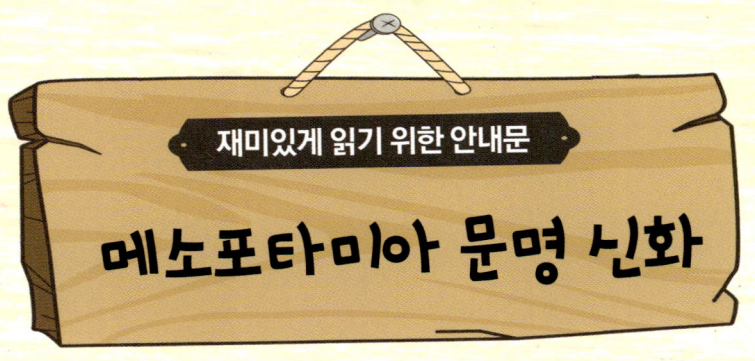

메소포타미아 문명 신화

> **"** 그는 암흑 속을 지나 왔으므로 빛을 볼 수 있었다. **"**

길가메시가 다스렸다고 하는 우루크는 세계 문명의 발생지 중 하나인 티그리스강과 유프라테스강이 흐르는 메소포타미아 지역이다. 메소포타미아 문명은 지금까지 알려진 문명 가운데 가장 오래된 곳이다. 그곳에 수메르 왕국이 있었는데, 우루크는 수메르 왕국에 속한 도시 국가 중 하나였다.

'검은 머리 사람들'이라는 뜻의 수메르인은 문자를 사용했고, 저수지를 만들어 강의 범람을 막았으며, 하늘의 신과 지상을 연결하기 위해 지구라트라는 신전을 건설했다.

수메르 자료에 따르면 길가메시는 우루크 제1 왕조의 왕이었다고 한다. 또한 1852년 《길가메시 서사시》 점토판이 발견되었는데 뜻풀이하는 데 20여 년이 걸렸다고 한다.

그럼 지금부터 신에게 도전한 최초의 영웅, 길가메시의 이야기 속으로 들어가 보자.

이야기 속에 나오는 인물 소개

- **길가메시:** 메소포타미아의 도시 국가인 우루크를 통치한 왕이다. 신의 아들로 태어나 몸의 3분의 2는 신이며, 3분의 1은 인간이다.
- **엔키두:** 황무지에서 태어나 샴하트와 우루크로 온다. 길가메시와 대적하러 왔지만 둘도 없는 친구가 된다.
- **닌순:** 암소의 신이자 미의 여신이며 길가메시의 어머니이다.
- **샴하트:** 엔키두를 문명에 눈뜨게 해 준 우루크 신전의 사제로, 이슈타르 여신을 모셨다.
- **이슈타르:** 결혼과 풍요의 여신이며 아누의 딸이다.
- **아누:** 메소포타미아 신화에서 최고 높은 신이다.
- **샤마슈:** 태양과 정의의 신이다. 닌순의 부탁으로 엔키두 앞에 나타난다.

왼쪽 손에 사자, 오른쪽 손에 뱀을 쥐고 있는 길가메시

"도대체 왕께선 또 어디로 가신 게야?"

서기관은 숨을 헐떡이며 왕궁 안을 뛰어다녔다. 왕궁의 시녀가 조심스럽게 신전이 있는 지구라트를 한 손으로 가리켰다. 서기관은 우루크 시내 중앙에 거대하게 솟은 신전을 바라보며 한숨을 푹 쉬었다.

"오늘 또 누군가는 크게 다치겠군."

왕은 종종 악몽을 꾸는 듯했고, 신전에서 해몽이 좋았던 적은 많지 않았다. 어쩌면 해몽을 듣고 싶어 하는 건 핑계인지 모른다. 신전에 갔다 오기만 하면 왕은 시내로 나가 덩치 좋은 녀석들을 골라 싸움을 걸었고, 운이 없는 사내들은 왕에게 일방적으로 두들겨 맞았다. 왕이라고 해서 감히 덤벼들지 못하는 게 아니었다. 아무리 많은 사람이 달려든다 할지라도 신의 피를 물려받은 왕에게는 그저 모기떼와 같았다.

지구라트와 닮은 불국사

'높은 곳'이라는 뜻을 가진 지구라트는 고대 메소포타미아의 거대한 계단식 모양의 탑이다. 지구라트는 전면과 좌·우측에 계단이 있다. 계단을 올라 돔 형태의 문을 통과하면 또다시 신전으로 올라가는 계단이 나타난다. 그런데 우리나라에도 이와 닮은 건축물이 있다. 바로 불국사이다. 불국사의 청운·백운교는 지구라트의 전면 계단에 해당하며, 그 계단을 올라가면 지구라트의 돔에 해당하는 자하문을 거쳐서 지구라트의 신전에 해당하는 대웅전에 이르게 된다.

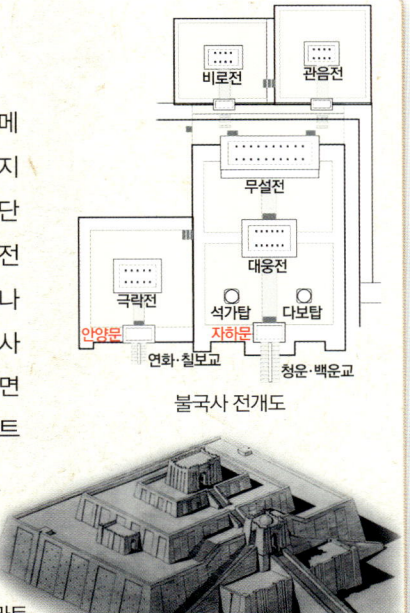

불국사 전개도

지구라트

"자, 공격해 보란 말이야! 네놈들이 언제 왕을 때려 보겠나? 겁쟁이들 같으니라고."

왕의 조롱을 참지 못하고 일어섰던 사내들은 언제나 크게 다쳐 들것에 실려 나갔다. 그렇게 해서라도 왕의 가슴속에서 들끓는 화가 가라앉으면 좋으련만, 오히려 왕의 갑갑증은 날이 갈수록 더 심해진 듯했다.

시내로 나가 사람들에게 싸움을 걸기 전에, 왕을 붙잡아 다른 곳으로 관심을 돌려야만 했다. 때마침 사냥꾼이 흥미로운 이야기를 가지고 와 왕에게 알현을 요청하고 있었다.

　서기관은 헉헉거리며 지구라트의 높은 신전 계단을 올라가다 문득 높은 성벽 옆에서 우루크 시내를 내려다보는 왕의 모습을 보았다.
　보통 사람의 두 배는 더 될 듯한 압도적인 키와 균형 잡힌 완벽한 몸매, 미의 여신이자 암소의 신인 어머니 닌순에게 물려받은 수려한 외모에 서기관은 잠시 넋이 나갔다. 반듯한 이마와 보석처럼 반짝이는 눈동자, 높고 길게 쭉 뻗은 콧대와 콧수염마저 청금석처럼 아름다웠다.
　"짧은 다리로 계단을 올라오는 꼴이 꼭 뒤뚱거리는 오리 같구나."

 왕의 목소리는 달콤하지만 말의 내용은 꽤나 불량스럽다. 다행히 오늘 왕의 마음은 평온해 보였다.

"무얼 그리 보고 계십니까?"

"강가에서 진흙을 퍼 올려 벽돌을 만드는 사람들을 보고 있었다. 인간은 왜 끊임없이 노동을 해야 하는가?"

"신들께서 말씀하시길, 그것이 인간이 태어난 이유라 하였습니다. 태초에 진흙 벽돌을 만들기에 지친 하급 신들이 상급 신들에게 자비를 베풀어

달라고 청하였고, 상급 신들께서는 진흙으로 인간을 만드시어 하급 신들이 하여야 할 노동을 대신하게 하였지요."

"하늘의 신들은 청하기만 하면 무엇이든 다 들어주는가 보구나."

"지극정성으로 아뢰면, 자비로우신 신들께서는 미천한 인간들을 보살펴 주시지요."

"그 미천한 인간들이 나, 길가메시를 벌하여 달라고 신들에게 청했다는군."

서기관은 소스라치게 놀라며 외쳤다.

"감히 어떤 놈들이 그런 무엄한 소리를 했답니까? 당장 잡아들이겠습니다! 말씀해 주소서."

길가메시는 피식거렸다.

"노동은 인간의 존재 이유라 하지 않았는가? 그런데 내가 궁금한 건, 그게 신의 뜻이라는데 왜 사람들은 신을 탓하지 않고 나를 탓하지? 내가 폭군이고 독재자라서?"

"포, 폭군이라니요! 말도 되지 않습니다. 여기 유프라테스강과 티그리스강의 어느 나라가 우리 우루크처럼 번영하고 있답니까? 흉년이 들면 인근의 모든 부족들이 우리 우루크로 몰려와 곡식을 빌려 가고, 상인들은 이곳에 들어와 장사하길 바라고, 어린아이들조차 단 한 번만이라도 우루크를 구경하는 게 소원이라고 합니다."

서기관은 제 말은 듣지도 않고 성큼성큼 신전 계단을 내려가는 길가메시의 뒤통수에 대고 외쳤다. 서기관의 짧은 다리로 길가메시의 걸음을 따라잡는다는 건 불가능했다. 하지만 언제나 왕의 뒤에서 소리치다 보니 목청만큼은 그 누구보다 우렁찼다.

"왕이시여, 또 어딜 가십니까? 사냥꾼이 왕께 고할 중요한 일이 있다 합니다. 아주 흥미로운 이야기였습니다."

"그래? 드디어 내 친구가 오려나?"

'친구? 친구라니!'

서기관은 고개를 갸우뚱거렸다. 왕에게 가장 어울리지 않는 단어가 있다면 그건 친구일 것이다.

왕께 알현을 청한 사냥꾼은 얼마 전 숲에 사냥을 나갔다가 괴물을 보았다고 했다. 전신에 붉은 털이 나 있는 괴물은 인간의 말을 하지만 숲속 짐승들과 어울려 산다고 했다.

"저는 그 괴물을 본 순간 오금이 저리고 온몸이 떨려 움직일 수 없었습니다. 제 집에 틀어박혀 한 발짝도 나가지 않으려 했는데, 제 아버님께서 말씀하시길 이 사실을 왕께 고하라고 하여 왕궁으로 달려왔나이다."

길가메시는 사냥꾼의 말을 듣고도 아무런 말을 하지 않았다. 그답지 않게 무언가 골똘히 생각하는 듯하더니 서기관을 불러 신전의 사제, 샴하트를 데려오라고 했다. 왕궁으로 불려 온 샴하트는 고개를 조아려 인사를 했다.

"암소의 신이자 미의 여신인 닌순의 아들, 길가메시왕이여. 미천한 여인이 위대하신 통치자를 뵈옵니다."

"듣자 하니, 네가 짐승을 사람으로 만드는 재주가 있다던데."

샴하트는 뜸을 들이다가 신중하게 대답했다.

"짐승 같은 인간을 인간답게 교육시키는 미천한 재주가 있을 뿐이옵니다."

"짐승이나 짐승 같은 놈이나 그게 그거지."

샴하트는 대꾸하지 않았다. 왠지 감당하기 힘든 명령이 떨어질 듯했다.

"샴하트는 들어라. 너는 사냥꾼을 따라 숲으로 가라. 그곳에 신들께서 나를 벌하기 위해 만든 짐승이 있을 것이다. 그 녀석을 내 앞에 데리고 오너라."

샴하트는 사냥꾼을 따라 숲으로 갔다. 사냥꾼은 괴물 엔키두를 보았던 숲속 샘가에 샴하트를 놓아두고 줄행랑을 쳤다.

샘가에서 머문 지 3일째 되는 날, 샴하트는 사냥꾼이 말한 괴물 엔키두와 그를 따르는 산짐승을 보았다. 염소 뿔처럼 높이 솟은 이마와 우락부락한 모양새가 가히 괴물이라 할 만했다. 엔키두와 함께 온 늑대가 샴하트를 보고 으르렁거렸다. 늑대는 날카로운 이빨을 드러냈지만 엔키두는 강한 호기심을 느꼈다. 자신을 보고도 도망치지 않는 인간은 처음이었다. 눈앞에 있는 인간은 저보다 훨씬 작고 약해 보였다. 가느다란 팔과 다리, 풍성한 머리카락을 갖고 있었다. 엔키두가 냉큼 다가가자 샴하트는 그 자리에 무너지듯 주저앉았다. 엔키두는 코를 대고 킁킁거렸다. 달콤한 냄새가 났다. 샴하트는 도망갈 의지가 없는 게 아니라 도망조차 칠 수 없을 만큼 얼어붙어 있었다.

"엔키두, 역겨운 냄새를 풍기는 인간이다."

늑대가 으르렁거리자 엔키두가 고개를 갸웃거렸다.

"전에 본 인간이랑 다른데?"

"인간의 암컷이다."

엔키두는 두 눈을 질끈 감고 있는 샴하트의 머리털을 손으로 만졌다. 손가락 사이로 흘러내리는 머리털의 촉감이 부드러웠다. 샴하트가 바들바들 떨기 시작했다.

"잡아먹을 테냐?"

늑대의 말에 엔키두가 대꾸도 하기 전에 여자가 입술을 달싹거렸다.

"사, 살려 주세요. 저, 저를 드시면 입맛만 버리실 거예요. 저, 저, 저는 일을 많이 해서 힘줄도 질기고 살도 딱딱해요."

엔키두가 샴하트의 손목을 덥석 물었다. 공포에 질린 샴하트는 비명을

지르다 그대로 기절하고 말았다.

　샴하트가 눈을 떠 보니 엔키두가 호기심 어린 눈으로 자신을 내려다보고 있었다. 엔키두를 보고 샴하트는 퍼뜩 제 손을 살폈다. 다행히 손목에 퍼렇게 멍은 들어 있지만, 얌전히 제 팔에 붙어 있었다. 황급히 다른 손과 두 다리를 살피고 더듬더듬 전신이 온전한지 살폈다. 멀쩡했다. 당황하여 쳐다보자 엔키두가 씩 웃었다.

　'괴물인 줄 알았는데 웃는 모습이 꼭 어린애 같잖아!'

　샴하트는 엔키두가 자신을 해치지 않을 거라는 걸 알았다. 하지만 엔키두를 꼼꼼히 살펴보는 일에는 용기가 필요했다. 머리는 산발이 된 채 엉클어지고 온몸은 먼지로 뒤덮여 있었다. 그러나 길가메시만큼이나 커다란 덩치와 강인해 보이는 팔과 다리, 다부진 입술과 오뚝한 코, 그리고 반짝이는 두 눈에는 총기가 있었다.

　샴하트는 떨리는 목소리로 물었다.

　"이름이 뭔가요?"

　"엔키두."

　"제 이름은 샴하트예요. 부모님이 지어 주신 이름이죠. 엔키두, 당신의 이름은 누가 지어 준 건가요? 당신에게도 가족이 있나요?"

　"몰라. 하지만 내가 엔키두라는 건 알아. 가족이 뭐지?"

　"당신을 낳아 준 부모님, 형제, 친척들이죠."

　엔키두가 전혀 이해하지 못하는 듯해서 샴하트는 얼른 말을 덧붙였다.

"당신과 닮은 사람들, 그게 가족이에요. 함께 먹고 자고 이야기하죠. 엔키두, 이 숲속에 다른 사람은 없나요?"

"날 닮은 인간은 종종 봤어. 그들은 가끔씩 내 숲에 들어와 함정을 파고 덫을 놓더군. 몇 번 혼쭐을 내 주었더니 나만 보면 놀라 도망치기 바쁘던데. 난 늘 동물들이랑 함께 먹고 자고 이야기해. 그럼 동물들이 내 가족인가?"

혼자 숲에서 동물들과 어울려 살아온 엔키두의 모습이 눈앞에 그려지는 듯했다. 샴하트는 엔키두가 무척이나 딱하게 느껴졌다.

"오, 엔키두. 내가 당신의 가족이 되어 주고 친구가 되어 줄게요."

엔키두와 샴하트는 6일 밤낮을 함께 붙어 지냈다. 엔키두는 조금도 샴하트의 곁을 떠나려고 하지 않았고, 샴하트 또한 순순한 눈망울로 자신만을 바라보는 엔키두가 좋았다.

엔키두가 기억하는 건 숲에서 눈을 떴고, 자신의 이름이 엔키두라는 것뿐이라고 했다. 또한 숲속 동물들과 어울려 놀고 함께 생활하는 게 다라고 했다.

"엔키두, 당신은 사람이에요. 사람은 사람과 어울려 살고, 동물은 동물과 어울려 살아야 해요."

"나는 사람들과 어울려 사는 법을 몰라."

"걱정 마세요, 엔키두. 당신에게는 내가 있잖아요. 만약 도시로 가게 되면 당신에게도 멋진 친구가 생길 거예요."

샴하트는 엔키두의 머리를 빗겨 주면서 자신이 태어나고 자라 온 우루크에 대해 이야기했다.

"사람들은 물고기를 잡고, 강의 물을 끌어와 밭에 물을 대어 보리와 밀을 경작하고 살지요. 대추야자도 많아요. 강가에서 자라는 갈대를 섞어 만든 진흙을 단단하게 굳혀 예쁜 집도 짓지요. 엔키두, 당신은 농사짓는 법을 아나요?"

"농사짓는 게 뭔데?"

"겨울 동안 밭에 물을 가두고 씨앗을 뿌려 두면 다음 해 봄에는 씨앗에서 싹이 올라와요. 그 싹이 쑥쑥 자라 많은 밀과 보리를 수확할 수 있지요. 밀로는 맛있는 빵을 만들고 보리로는 맥주를 만들죠. 당신에게 빵과 맥주를 맛보여 주고 싶네요. 당신은 틀림없이 맥주를 좋아할 거예요."

"당신이 사는 곳으로 가면 빵과 맥주라는 걸 먹을 수 있다는 거야?"

"어디 맥주뿐이겠어요? 양의 젖으로 만든 버터와 향기로운 올리브기름도 맛볼 수 있어요."

"하지만 난 농사짓는 법을 모르는걸."

"음, 가만 생각해 보니 당신은 힘이 세니까 굳이 농사를 짓지 않아도 되겠네요. 당신은 어쩌면 전사가 될지도 몰라요. 전사는 농사짓는 사람보다 훨씬 힘이 센 사람이에요. 더 많은 것을 누릴 수 있죠."

엔키두는 샴하트를 따라 도시로 가기로 마음먹었다. 엔키두는 그동안 함께 생활해 온 동물들에게 사람들이 사는 도시로 가기로 했다는 걸 알리려고 했다. 하지만 어찌 된 영문인지 동물들은 예전처럼 그의 주변으로 다가오지 않고 멀찍이 떨어져 그를 경계하는 게 아닌가?

"갑자기 왜 그러는 거야? 나야! 나라고, 엔키두."

늑대가 슬픈 눈망울로 그에게 으르렁거렸다.

"엔키두! 너에게서 인간의 냄새가 나. 넌 이제 우리와 달라."

엔키두가 달아나는 동물들을 애틋한 눈으로 바라보자 샴하트가 조용히 다가왔다.

"엔키두, 저들을 쫓아가도 돼요. 하지만 나는 숲에서 살 수 없어요."

엔키두는 샴하트의 손을 꽉 잡았다.

"아니, 나도 사람들이 사는 곳으로 가겠어."

샴하트는 엔키두를 데리고 양치기들이 모여 사는 마을로 갔다. 그곳에서 엔키두는 샴하트가 말하던 빵과 맥주를 먹고 마셔 보았다. 그 부드럽고 달콤한 맛은 엔키두를 기쁘게 했다. 엔키두는 양치기들의 마을에서 사람들과 살아가는 법을 배우고 익혔다.

"당신의 고향이 우루크라고 하지 않았나?"

"그건 왜 묻죠?"

"마을의 한 양치기가 우루크에서 열리는 큰 결혼식을 구경하러 가는데, 나더러 같이 구경 가지 않겠느냐고 묻더군."

"당신도 우루크에 가겠다고요?"

"응. 옆 마을에서도 수확한 밀을 달의 여신에게 바치기 위해 우루크로 갈 거래. 양치기들도 양털을 수레에 가득 싣고 가서 신들의 축복을 받을 거라고 하던데."

샴하트는 순간 목이 메어 왔다. 이 작은 마을에서 순한 양치기가 된 엔키두와 그의 아내로 언제까지나 살고 싶었다. 하지만 샴하트는 자신이 엔키두를 만난 목적과 그를 데려가야 하는 임무에서 벗어날 수 없다는 걸 깨달았다.

"우루크에서는 해마다 풍년을 기원하며 왕인 길가메시가 신전의 여사제와 큰 결혼식을 올리고 많은 사람들이 모여 그와 힘겨루기를 하죠."

"길가메시?"

"네. 그는 강하고 명석하고 아름다운 왕이죠. 그의 어머니는 암소의 신이에요."

"그럼 그도 신이란 건가?"

"그의 아버지가 인간이어서 3분의 2는 신이고, 3분의 1은 인간이에요. 하지만 신의 핏줄은 신의 핏줄. 그를 대적할 인간은 아무도 없었죠."

"당신도 신전의 사제라 하지 않았나? 그럼 당신도 길가메시와 결혼했다는 건가?"

샴하트는 마른침을 삼키고 엔키두를 바라보았다.

"왕이 여신을 대신하는 신전의 여사제와 결혼한다는 것은 종교적인 의식이에요. 왕의 중요한 의무 중 하나죠. 그래야 도시가 신의 가호를 받으니까요."

화가 났는지 엔키두의 얼굴이 붉으락푸르락 달아올랐다.

"제깟 놈이 힘이 세면 얼마나 세다고! 내가 가서 혼을 내 주겠어!"

샴하트는 엔키두의 볼을 쓰다듬었다.

"그래요. 당신이라면 그럴 수 있을 거예요. 지금이 바로 신전에서 받은 계시를 당신에게 전해야 할 때인가 보네요."

샴하트는 조용히 일어나 신전의 사제답게 엄숙하게 말했다.

"가엾은 길가메시여. 어찌하여 네 가슴속에 들끓는 폭풍을 가라앉히려고 전쟁을 일으키고 끊임없이 성채를 쌓아 올리는가? 우루크의 아들들이 제 아버지에게 가지 못하고, 딸들이 제 어머니에게 가지 못하고, 신부들이 제 신랑에게 가지 못하여 울부짖고 있다. 그러니 엔키두여, 길가메시에게로 가서 그와 맞붙어 우루크를 쉬게 하라!"

우루크의 신성한 결혼식이 끝나고 사람들은 경기장으로 몰려갔다.

길가메시를 상대하기 위해 나와 있던 사내들의 얼굴에는 승부욕이 전혀 없었다. 안 해봐도 뻔한 결과이기 때문이었다. 경기장을 찾은 사람들은 누가 이길까 하는 궁금증보다는 자신들의 왕이 얼마나 힘이 센지에만 관심이 있었다.

엔키두가 경기장에 모습을 드러내자 사람들이 웅성거리기 시작했다. 커다란 덩치와 터질 듯한 근육, 씩씩거리는 콧바람이 심상치 않아 보였다.

"뭐지, 저 괴물은?"

"저 근육을 좀 봐. 길가메시왕께서 그토록 소원하던 맞수를 드디어 만났군."

"꼭 왕과 판박이처럼 보이는군."

가장 높은 의자에 앉아 경기장을 내려다보던 길가메시도 심장이 두근거렸다. 길가메시는 지난밤 꾸었던 꿈을 떠올렸다. 한밤중에 하늘에서 무거운 돌이 떨어졌다. 사람들이 몰려가 그 돌을 들어 올리려고 했지만 돌은 꿈쩍을 하지 않았다. 꿈속에서 길가메시는 그 돌에 다가가 돌을 소중하게 껴안았다.

'저 녀석이 엔키두구나. 하늘에서 떨어진 세상에서 가장 무거운 돌.'

경기장에서 엔키두가 큰 소리로 외쳤다.

"길가메시, 이리 나오너라. 누가 강한지 겨루어 보자. 내가 오늘 네 녀석의 버릇을 고쳐 주마."

길가메시는 주저하지 않고 냉큼 경기장 안으로 뛰어 들어갔다. 뒤에서 쫑쫑거리며 뒤따라온 서기관이 소리를 질러 댔다.

"왕이시여, 제발! 그가 최종 우승 후보자가 된 뒤에 겨루어도 늦지 않습니다."

하지만 길가메시가 일어설 무렵부터 관중들은 후끈 달아올랐고 환호하기 시작했다. 그 누구도 경기의 진행 방식이나 규칙 따위를 신경 쓰지 않았다.

"네 녀석이 엔키두구나. 기다렸다. 자, 덤벼 보아라!"

말이 떨어지기 무섭게 엔키두가 길가메시에게 달려들었다.

두 어깨가 맞부딪치자 서로의 힘에 모래판이 움푹 파이고, 양쪽 모두 뒤로 밀려났다. 퍽, 퍽! 두 주먹이 서로의 몸을 때리며 나는 소리가 경기장 전체에 울리기 시작했다.

길가메시는 난생처음 맞아 보는 매서운 주먹임에도 불구하고 아픈 줄 몰랐다. 도리어 그의 두 눈은 반짝였고 심장은 흥분으로 미친 듯이 날뛰었으며 영혼은 기쁨에 겨워 소리를 질러 댔다.

길가메시와 엔키두의 싸움은 3일 밤낮으로 이어졌다. 그동안 그들은 먹지도, 자지도 않고 서로 뒤엉켜 싸우기만 했다.

두 사람은 경기장을 벗어나 우루크 곳곳을 돌아다니며 싸우기 시작했다. 땀과 모래, 먼지로 얼룩진 두 사람의 몸에 부딪힌 집들은 산산이 부서지고, 여기저기에 자욱한 먼지구름이 피어올랐다. 그들이 지나간 자리에는 부서진 벽과 수북이 쌓인 진흙 더미만 남았다.

싸움에 대한 흥분이 가신 우루크 사람들은 비통한 목소리로 외쳤다.

"불쌍한 우루크! 신은 어찌하여 저런 괴물을 우리 도시로 보내셨단 말인가! 길가메시 한 명으로는 모자란단 말인가?"

먼저 무릎이 땅에 닿은 건 길가메시였다. 길가메시는 비록 싸움에서 패하였지만 두 눈은 기쁨으로 가득 찼다.

"친구여, 그대의 승리이다. 내가 그대의 형제가 되는 걸 허락해 달라. 그리고 나와 함께 나의 궁전으로 가 먹고 마시며 그대의 승리를 축하하자."

엔키두는 입꼬리를 말아 올리며 대답했다.

"좋아."

길가메시와 왜 맞붙게 되었는지, 최강자는 누구인지 그런 일 따윈 엔키두의 머릿속에서 이미 사라진 지 오래였다. 엔키두도 길가메시가 마냥 좋았다.

깨끗한 물로 몸을 씻고 화려한 털옷을 입은 엔키두는 길가메시를 따라 지구라트의 높은 계단을 지나 맨 위층에 올랐다. 그곳은 신이 머무는 곳, 오로지 허락된 자만이 들어갈 수 있는 장소였다.

길가메시가 높고 텅 빈 천장을 향해 두 팔을 뻗으며 외쳤다.

"어머니, 내 친구 엔키두입니다. 엔키두가 나의 형제가 되게 해 주십시오."

하늘에서 한 줄기 강한 빛이 길게 드리워지자 엔키두는 눈이 부셔 제대로 눈을 뜰 수가 없었다.

"사랑하는 내 아들 길가메시야, 어찌하여 너는 너의 대적자와 친구가 되고, 형제가 되려 하느냐? 그로 말미암아 너는 심장이 갈가리 찢어질 것이다."

"엔키두 때문에 훗날 내 심장이 수백, 수천 조각으로 찢어진다 하여도 나는 기쁠 것입니다. 드디어 내가 그토록 염원하던 친구가 생겼습니다. 축복하여 주소서."

"너의 뜻이 정 그러하다면 네 뜻대로 하여라. 엔키두, 이리 오너라."

엔키두는 홀린 듯이 신전 가운데로 나가 무릎을 꿇고 앉았다.

"엔키두, 너를 축복하노니 너는 이제부터 나 암소의 신, 닌순의 새로운 아들이다. 너에게 지혜를 주노니 내 아들을 지켜 다오. 내 아들의 가슴에 휘몰아치는 고뇌의 폭풍을 잠재워 다오."

"내 목숨이 붙어 있는 한 그를 지키고 보호하겠습니다."

엔키두가 엄숙히 맹세를 하자 하늘에서는 강한 빛의 폭풍이 휘몰아쳤다. 엔키두는 잠시 정신을 잃었다.

눈을 떠 보니 길가메시의 화려한 궁전이었다. 아름다운 선율이 흐르는 사이로 길가메시의 목소리가 들려왔다.

"엔키두, 엔키두, 내 형제여. 어서 일어나 나와 함께 마시고 먹고 취해 보세나."

길가메시는 엔키두에게 끊임없이 음식을 권하고 맥주를 따라 주었다. 길가메시는 엔키두의 몸에 향유를 붓고, 화려한 색동옷을 입히고, 귀한 보석을 두르게 한 다음, 왕의 마차에 그를 태워 우루크 곳곳을 돌아다니게 했다. 이로 우루크의 모든 사람들은 왕에게 새로운 형제가 생겼음을 알게 되었다. 길가메시의 얼굴에는 몇 날 며칠 동안 웃음이 떠나지 않았다.

길가메시의 우정은 밤낮이 따로 없었다. 엔키두는 그의 끊임없는 열정에 지쳐 길가메시가 경기에서 일부러 자신에게 진 것이 아닐까 하는 의심이 들 정도였다.

그러던 어느 날, 길가메시가 엔키두를 데리고 높은 성벽에 올랐다.

"엔키두, 저기 강물에 떠내려오는 게 보이는가?"

"인간의 시체로군. 강물에 종종 저런 게 떠내려오는가?"

"강을 거슬러 한참을 올라가면 훔바바라는 괴물이 사는 삼나무 숲이 있어. 아마도 그 괴물에게 죽임을 당한 시체일 거야. 신들은 인간이란 결국 죽을 수밖에 없는, 보잘것없는 존재라는 걸 내게 늘 일깨워 주지."

"괴물이 사는 숲에 들어가다니 어리석은 인간이로군."

"내가 그 어리석은 인간이 되어 볼 생각이네."

엔키두가 놀라 소리쳤다.

"아니, 왜?"

"훔바바가 사는 삼나무 숲에는 향기로운 백단목과 질 좋은 삼나무가 가득해. 우루크에는 진흙은 많지만 나무라고는 별로 없지. 도시 곳곳에 관개 수로를 만들기 위해서는 좋은 목재가 필요해."

"우루크를 드나드는 외국의 상인들이 목재를 많이 가져오지 않는가? 굳이 나무를 구하기 위해 자네가 그 숲에 갈 필요가 없어."

"훔바바가 무서워 이제껏 아무도 그 숲에 들어가 나무를 베어 오지 못했어. 내가 그를 죽인다면 사람들은 나를 영원히 기억하겠지. 자유롭게 나무를 벨 수 있는 건 모두 길가메시 덕분이라고 칭송할지도 몰라. 신들은 인간이 반드시 죽는다고 말하지만, 이름을 남길 수만 있다면 그 인간은 영원히 사는 게 아닐까? 난 명성을 얻고 싶네. 엔키두, 나와 함께 훔바바가 있는 숲으로 가지 않겠나?"

엔키두는 목 졸린 사람처럼 말했다.

세상을 바꾼 나무가 있다?

문명의 흥망성쇠에는 기후 변화나 외부의 침입 또는 전쟁 등이 영향을 주었는데, 숲이라는 요소도 그 요인 중 하나를 차지했다. 세계 4대 문명 외에 그리스와 로마 문명에서도 숲은 중요한 역할을 했다. 《길가메시 서사시》에서는 훔바바가 사는 숲의 삼나무가, 그리스 신화에서는 상수리나무가, 북유럽 신화에서는 물푸레나무가 중요한 역할을 맡았다.

삼나무 숲의 수호신인 훔바바를 공격하는 길가메시

"길가메시, 훔바바는 신들의 은총과 보호 아래에 있는 괴물이라네. 힘이라면 자네가 월등하겠지만, 훔바바는 마법을 자유자재로 부린다네. 어떻게 그를 죽일 수 있단 말인가?"

"이제 나에게는 엔키두가 있으니까. 자네 역시 숲에서 살지 않았는가? 자네가 도와준다면 훔바바 따윈 가볍게 물리칠 수 있어."

엔키두는 강하게 고개를 흔들었다.

"난 반대일세."

"그럼 자네는 여기 있게나. 나 혼자 다녀오겠네."

길가메시가 훌쩍 자리를 떠나자 뒤에서 엔키두가 소리쳤다.

"이런, 길가메시! 갈 땐 가더라도 서기관과 원로들에겐 말을 하고 가야 하지 않는가? 행장도 좀 꾸리고. 그래, 준비! 준비를 좀 하자고."

엔키두는 서둘러 서기관에게 삼나무 숲으로 가 목재를 싣고 오겠다는 말을 전하고, 행장을 꾸려 급히 길가메시를 따라잡았다.

강가 나루터에서 길가메시가 느긋하게 엔키두를 기다리고 있었다. 아무리 반대를 해도 결국 엔키두가 저를 따라올 거라는 걸 알고 있었기 때문이다. 엔키두는 울컥 짜증이 치솟았지만 길가메시는 생글생글 웃기만 했다. 그런 길가메시의 행동에 엔키두는 더욱 화가 나서 여행길 내내 툴툴거렸다.

그런데 삼나무 숲으로 통하는 거친 황야를 가로질러 가던 중 길가메시는 또다시 악몽을 꾸었다.

"길가메시, 길가메시! 왜 그래?"

식은땀을 흠뻑 흘리며 눈을 뜬 길가메시는 엔키두를 와락 껴안았다.

"오, 엔키두. 무서운 꿈을 꾸었네."

"무슨 꿈인데 자네가 이리 무서워하나?"

"너무 끔찍해서 말을 하고 싶지 않아."

"무서움은 입 밖으로 나오면 먼지가 되어 사라지지."

"나는 종종 꿈속에서 신들의 이야기를 엿듣곤 했어. 자네가 내게 온다는 것도 꿈을 통해 미리 알았다네. 만약 꿈속에서처럼 자네를 잃게 되는 그런 끔찍한 일이 일어난다면 나는 도저히……."

"길가메시, 그런 일은 일어나지 않아. 그 꿈은 예지몽이 아니라 훔바바의 마법이야."

"마법이라고?"

"그래, 훔바바가 마법을 부린다고 하지 않았는가? 자네가 온다는 걸 알고 그걸 막으려고 악몽을 자네에게 보낸 거야."

"자네는, 자네는 악몽을 꾸지 않은 건가?"

"나 역시 숲에서 자란 괴물이야. 숲의 마법 따윈 나에게는 통하지 않아."

길가메시는 두 번 다시 악몽을 꾸지 않겠다며 잠을 자지 않았다. 길가메시와 엔키두는 3일 밤낮을 쉬지 않고 거친 모래바람이 불고 독충이 우글거리는 황야를 가로질렀다.

훔바바가 사는 숲에 도착하자 향기로운 냄새가 길가메시와 엔키두를 감쌌다. 오랫동안 쉬지 못한 길가메시와 엔키두는 쓰러져 잠이 들었다.

먼저 잠에서 깨어난 건 엔키두였다. 엔키두는 길가메시를 흔들어 깨웠다.

"길가메시, 일어나게. 여기서 잠들면 영원히 깨어나지 못해. 훔바바가 꽃의 향기로 우리를 재우고 있어. 계속해서 잔다면 향기는 독이 되어 자네를 죽일 거야."

엔키두 덕에 잠에서 깨어난 길가메시는 곧 숲으로 들어가 숨어 있는 훔바바를 찾아냈다. 도저히 나이를 헤아릴 수 없을 만큼 자글자글한 주름이 훔바바의 얼굴을 뒤덮고 있었다. 훔바바는 날카로운 이빨을 애써 숨기며 제발 목숨만이라도 살려 달라고 빌었다.

"위대한 길가메시여, 부디 자비를 베푸소서. 저는 신들의 가호를 받는 존재, 저를 죽인다면 신의 분노를 사게 될 겁니다."

훔바바의 애원에 마음이 약해진 길가메시는 순간 그를 살려 주는 것도 나쁘지 않을 거라는 생각이 들었다. 길가메시의 생각을 눈치챈 엔키두가 단호하게 고개를 흔들었다.

"길가메시, 자네는 지금도 훔바바의 마법에 농락당하고 있네. 간사한 혓바닥을 가진 녀석이야. 이런 녀석을 살려 둔다면 훗날 두고두고 후회할 걸세."

엔키두의 말을 들은 훔바바는 얼굴이 창백하게 질렸다.

"엔키두, 이 흉악한 놈아. 내 저주를 받아라. 너의 죽음이 나의 죽음 못지않게……."

훔바바가 미처 말을 끝내기 전에 그의 목이 땅으로 떨어졌다. 길가메시는 자신의 형제이자 친구인 엔키두를 저주한 훔바바에 대한 분노에 온몸을 떨었다. 엔키두는 그런 길가메시의 난폭한 성정을 보며 혀를 찼다. 엔키두가 언제 집에 돌아갈 거냐며 성질을 버럭버럭 부리자 그제야 길가메시는 씩씩대기를 멈추었다.

길가메시와 엔키두는 향기로운 백단목과 질 좋은 삼나무를 가득 잘랐다. 통나무를 굴려 강가로 온 길가메시와 엔키두는 커다란 뗏목을 만들었다. 뗏목을 타고 강을 타고 우루크로 내려가는 길가메시 일행을 지켜보던 이가 있었다. 그는 하늘의 여신이자 결혼의 여신 이슈타르였다.

이슈타르는 길가메시의 수려한 외모와 용감한 행동에 반하였다. 길가메시와 엔키두가 강가의 한 여관에서 송아지 고기를 먹고 있을 때, 이슈타르는 여관 주인의 모습으로 나타났다.

"아름답고 용감한 여행자여, 당신을 흠모하는 이 여인의 지아비가 되어 주시겠습니까?"

이슈타르는 결혼의 여신답게 대담하고 과감하게 길가메시에게 청혼을 했다. 하지만 길가메시는 여관의 주인이 이슈타르임을 한눈에 알아챘다. 이슈타르의 상징과도 같은 장미 여덟 개를 보았기 때문이다.

"이슈타르시여, 어찌하여 미천한 인간의 모습으로 나타나 나를 현혹하시오?"

"그래서 길가메시, 그대가 감히 나의 청혼을 거절한다는 건가? 나의 분노가 겁나지 않는가?"

"나는 신들의 변덕과 분노에 더 이상 휘둘리고 싶지 않소. 늘 그러하듯 강을 범람시켜 그대의 분노를 쏟아 보시오."

이슈타르는 신들조차 두려워하지 않는 길가메시에게 더욱 강하게 매료되었다.

"나는 하늘의 여신이자 풍요의 여신이기도 하다. 나를 기쁘게 하여 축복을 받으라."

"축복은 그대의 전남편에게 부어 주심이 어떠하신지? 그대가 저승을 벗어나는 대신 볼모로 붙잡혀 있는 그대의 남편 말이오."

이슈타르는 난생처음 당해 보는 거절에 분노와 당혹감을 느꼈다. 그때 옆에서 송아지 고기를 먹고 있던 엔키두가 송아지 다리를 뜯어내며 소리쳤다.

"아, 그것 참. 싫다고 하지 않소. 싫다는 인간에게 신이 매달리는 꼴이라니!"

엔키두가 식탁을 치자 식탁에 놓여 있던 송아지 고기가 이슈타르의 얼굴로 날아갔다. 여신은 모욕감에 부들부들 떨면서 사라졌다.

"엔키두, 아무리 그래도 그렇지 신에게 송아지 뒷다리를 집어던지면 어떡하나?"

길가메시가 나무라자 엔키두가 어깨를 으쓱거렸다.

"실수였네."

엔키두의 실수였는지 의도였는지는 중요하지 않았다. 이슈타르는 청혼을 거절당했을 뿐 아니라 송아지 뒷다리에 얼굴을 맞는 참을 수 없는 치욕을 당했다. 이슈타르는 하늘로 올라가 최고의 신 아누에게 울면서 자신이 당한 치욕에 합당한 값을 치르게 해 달라고 청했다.

"이슈타르. 어찌하면 너의 치욕이 사라지겠느냐?"

"가뭄을 불러오는 하늘 황소를 우루크로 보내 주세요. 길가메시의 능력이라면 강의 홍수 따윈 언제든 극복할 수 있을 겁니다. 하지만 강이 말라가고 땅이 타들어 간다면 교만한 길가메시라 할지라도 신 앞에서 겸손해야 한다는 걸 깨닫게 될 테지요."

이후 우루크에는 때 아닌 가뭄으로 도시의 모든 기능이 사라졌다. 하늘 황소가 나타난 자리에는 모든 식물이 말라 죽었고, 강의 물줄기도 눈에 띄게 약해졌다. 하늘 황소가 사람들에게 오른쪽 콧김을 뿜어 대면 사람들 100여 명이 쓰러졌고, 왼쪽 콧김마저 함께 뿜어 대면 주변의 모든 사람들이 황소의 콧구멍 속으로 빨려 들어갔다. 사람들은 하늘 황소를 피해 달아나기에 바빴다.

우루크로 돌아온 길가메시와 엔키두는 곧장 하늘 황소를 잡으러 나갔다. 거대한 몸집의 하늘 황소는 거친 숨을 들이쉬고 콧김을 씩씩거리며 엔키두에게 달려들었다. 하지만 엔키두는 엄청난 힘으로 하늘 황소의 두 뿔을 잡아 버티었다. 그 틈을 이용해 길가메시가 날카로운 칼로 하늘 황소의 머리를 베어 버렸다. 하늘 황소의 붉은 피가 땅으로 스며들자 하늘의 신들은 당황했다.

"신의 사자인 하늘 황소를 죽이다니요. 더 이상 길가메시를 두고 볼 수 없습니다."

"신의 가호를 받는 훔바바를 죽인 죄도 받아야 합니다."

"인간이 감히 신을 모독한 죄 역시 큽니다."

"결국 죽게 될 운명을 타고 태어난 불쌍한 아이입니다. 신들께서 자비를 베푸신다면 길가메시도 신들을 경배할 겁니다."

길가메시의 어머니 닌순은 아들을 변호하고자 하였으나, 하늘의 많은 신들은 그녀의 말을 들으려고 하지 않았다.

"닌순, 그대의 아들은 신의 자비가 아니라 신의 가혹함에 무릎 꿇게 될 것이오."

하늘의 신들은 길가메시에게 가장 고통스럽고, 견디기 힘든 형벌을 내렸다. 그건 길가메시에게서 엔키두를 빼앗아 가는 일이었다. 엔키두는 어느 날인가부터 온몸에서 힘이 빠지는 걸 느꼈다. 그러고는 머리에서 발끝까지 온몸이 타들어 가는 고통과 함께 죽어 가기 시작했다. 놀란 길가메시가 신전으로 달려가 어머니 닌순을 애타게 찾았으나 나타나지 않았다.

엔키두는 고통 속에서 신음하면서 자신이 살아온 날들을 헤아려 보았다. 그러고는 자신을 우루크로 데려온 샴하트를 저주했다.

"샴하트가 나를 이곳으로 데려오지만 않았던들 오늘 나는 이렇게 고통에 시달리지 않았을 텐데."

그러자 닌순의 부탁을 받은 정의의 신 샤마슈가 엔키두 앞에 나타났다.

"가엾은 엔키두야, 어찌하여 너는 샴하트를 저주하느냐? 너는 샴하트 덕분에 길가메시를 만나지 않았느냐? 그리고 그를 만나 친구가 되고 형제가 되었다. 이제는 길가메시를 만난 걸 후회하느냐?"

"길가메시. 그래. 내 형제, 내 친구. 아, 샴하트가 나를 길가메시에게 인도해 주었지. 이런 고통이 기다린다 하여도 나는 길가메시를 만난 걸 후회하지 않습니다. 그래, 샴하트는 축복을 받아 마땅한 여인이지요. 아름다운 샴하트, 그대에게 영원한 축복이 있으라."

엔키두가 고통에 빠져 횡설수설하는 걸 보니 샤마슈도 괴로웠다. 샤마슈는 엔키두의 고통을 조금이나마 덜어 주기 위해 그의 목숨을 조용히 거두었다.

"길가메시를 벌주기 위해 만들어진 엔키두, 너는 그 운명을 바꾸어 길가메시와 친구가 되고 형제가 되었지. 하지만 운명을 벗어나지 못하고 너는 길가메시에게 가장 가혹한 형벌이 되었구나."

엔키두가 죽었다는 걸 길가메시는 믿지 않았다. 그를 품에 안은 채, 어서 일어나라고 소리쳤다. 그러다 그를 처음 만나 힘겨루기 하던 때를, 그와 함께 훔바바의 숲으로 떠난 모험을 이야기하다가 후드득 눈물을 쏟아 내기도 했다.

"심장이, 심장이 갈가리 찢어지는구나. 엔키두, 내 친구야, 내 형제야! 어찌하여 너는 나에게 이런 고통을 주는가?"

우루크의 어느 누구도, 왕의 측근에서 오랫동안 일한 서기관도, 도시의 원로들도, 슬픔에 빠진 왕에게 다가갈 수조차 없었다. 하지만 엔키두가 죽은 지 7일째 되는 날, 죽은 엔키두의 코에서 벌레가 기어 나왔다. 그 모습을 본 길가메시는 그제야 서기관에게 엔키두의 몸을 넘겨주며 후히 장례를 치러 달라 부탁하였다.

길가메시는 엔키두의 장례도 치르지 않고 어디론가 떠날 준비를 했다. 그토록 슬픔에 빠져 있던 왕의 모습은 온데간데없었다. 서기관은 두려운 목소리로 길가메시에게 물었다.

"왕이시여, 어딜 다녀오시려 합니까?"

"신들은 끊임없이 내게 죽음을 보이며 나를 조롱하는구나. 신들의 횡포로 나는 진실한 친구를 잃었다. 불사의 약을 찾아 죽음에 맞섬으로 내 친구의 죽음을 애도하겠다."

길가메시는 도시의 원로와 서기관에게 우루크를 맡기고 길을 떠났다. 꿈속 신들에게서 얼핏 들었던 이야기, 아주 오래전 대홍수가 났을 때 죽음에서 벗어난 우트나피쉬팀이 떠올랐던 것이다. 그를 찾아낸다면 죽지 않고 신들처럼 영원히 사는 법을 알게 될지도 모른다. 길가메시는 옷이 해지고, 신발 끈이 떨어질 때까지 온 세상을 직접 헤매고 다녔다. 온몸에 먼지를 뒤집어쓴 채 남루한 차림이 되었지만, 길가메시는 포기하지 않았다. 그의 노력은 헛되지 않았고, 마침내 길가메시는 바닷가 땅끝 마을에서 신비한 돌과 신기한 삿대로 바다를 건너는 뱃사공을 보게 되었다. 뱃사공의 예사롭지 않은 분위기를 알아챈 길가메시는 그를 어르고 달래었다. 하지만 하급 신이었던 뱃사공은 쉽사리 비밀을 털어놓지 않았다. 길가메시는 그가 소중히 여기는 삿대 열두 개를 부러뜨리고 그가 가지고 있던 신비한 돌을 바다에 던져 버렸다. 그제야 뱃사공은 삿대 열두 개를 다시 만들어 오면 길가메시를 우트나피쉬팀에게 데려다주겠노라고 했다.

길가메시는 삿대 열두 개를 만들어 뱃사공에게 주었다. 뱃사공은 툴툴거리면서도 자신의 약속대로 길가메시를 우트나피쉬팀이 사는 섬에 데려다주었다. 하지만 섬에서 만난 우트나피쉬팀은 고개를 저었다.

"길가메시, 나와 내 아내는 우연히 신들의 일에 얽히어 영생을 얻었다네. 신들은 자신들이 창조한 모든 생명을 물로 없애고자 하였지만, 나는 신의 도움으로 방주를 만들어 살아남았지. 또다시 신들이 땅의 모든 생명을 없애려 한다면 자네도 영생을 얻을 기회가 있을지도 모르겠네. 자네 혼자 영생을 얻고자 이 땅에 그런 일이 일어나길 소원하는가?"

길가메시는 고개를 푹 숙였다. 수많은 땅과 산과 바다를 넘어 이곳에 오기까지 길고도 험한 여정이었다. 하지만 그 끝이 너무나도 허무하여 길가메시의 두 어깨는 축 처졌다.

길가메시는 우트나피쉬팀과 그의 아내에게 인사를 하고 우루크로 돌아가려 했다. 그때 우트나피쉬팀의 아내가 말했다.

"여보, 먼 길을 걸어 우리에게 찾아온 손님을 어찌하여 빈손으로 돌려보내려고 하세요. 그에게 선물을 주세요."

> **우리나라에도 홍수 신화가 있다?**
>
> 세계 곳곳에는 우트나피쉬팀의 홍수 이야기와 닮은 이야기들이 있다. 우리나라에도 이런 이야기가 있을까? 홍수 신화라고 불리는 유형에는 여러 가지가 있지만 그중 우리나라에는 〈장자못 전설〉이 있다.
> 다른 사람에게 베풀 줄 모르고 자신의 배만 불릴 줄 아는 부자가 있었다. 하루는 시주승이 와서 쌀을 받으려고 했는데 부자는 쌀 대신 쇠똥을 시주했다. 이 때문에 부자가 벌을 받아 집터가 못 속에 잠겼다는 이야기이다. 〈나무 도령 설화〉도 있다. 나무의 아들로 태어난 도령이 대홍수 때 아버지 나무를 타고 동물들을 구해 주는데, 이후 그 동물들이 나무 도령이 곤경에 처했을 때 도움을 준다. 동물들의 보은으로 나무 도령이 혼인하여 인류의 시조가 된다는 이야기로, 이도 홍수 신화에 속한다.

우트나피쉬팀은 아내의 말에 고개를 끄덕였다.

"길가메시. 내가 자네에게 죽지 않는 비결을 알려 줄 수는 없지만, 늙지 않는 풀이 자라는 곳은 알려 주겠네. 그 풀은 내가 사는 섬 깊은 바다에서 자라는데 그 풀을 먹는다면 늙은 몸도 다시 젊어진다네."

길가메시는 우트나피쉬팀과 그의 아내에게 감사하며 약초를 따러 깊은 바다로 들어갔다. 그에게 허락된 단 한 번의 기회를 놓치지 않고 길가메시는 불로초를 손에 쥐게 되었다. 길가메시는 뛸 듯이 기뻤다.

"어찌 이것을 나 혼자 먹을 수 있을까? 이 약초를 가지고 우루크로 돌아가 늙은이들과 함께 먹어야겠다."

약초를 소중히 품에 간직한 길가메시는 다시 바다를 건너 우루크로 발

길을 돌렸다. 멀리 길고도 높은 우루크의 성채가 보이는 곳에 이르자 길가메시는 고향으로 돌아왔다는 생각으로 감격에 겨웠다. 그동안 여행길에서 쌓인 피로도 몰려왔다. 길가메시는 샘물 근처에서 물을 마시며 잠시 쉬었다 가기로 했다. 그러다 자신도 모르게 잠이 들었다. 그때 샘가에서 뱀 한 마리가 기어 나오더니, 길가메시의 품에 있던 불로초를 냉큼 삼키는 게 아닌가? 이로 뱀은 훗날 매번 허물을 벗고 새로운 몸으로 살아가게 되었다.

잠에서 깨어난 길가메시는 불로초가 사라진 것을 알고 땅을 치며 탄식하였다. 그러자 암소의 신 닌순이 홀연히 길가메시에게 나타났다.

"길가메시야, 너는 어찌 인간의 운명을 한탄하느냐? 너의 배를 든든히 채우고, 낮이고 밤이고 춤추고 즐겁게 놀아라. 깨끗한 몸과 아름다운 옷으로 인생을 즐겨라. 네게 다가오는 아이를 안아 주고 네 아내를 기쁘게 해 주어라. 이것만으로도 네게 주어진 모든 날들이 헛되지 않으니 삶이 충만하지 않겠느냐?"

길가메시는 탄식을 거두고 그 말에 순응하기로 했다. 성으로 돌아온 길가메시는 더 이상 방황하지 않고 우루크를 지혜로 다스렸으며 인간답게 살았다.

2장

운명 앞에 선 호루스와 세트

재미있게 읽기 위한 안내문
이집트 문명 신화

> ❝ 이야기 속에는 모든 지혜가 숨어 있다. ❞

메소포타미아에서 문명이 싹틀 무렵 아프리카 북부에서도 나일강을 따라 문명이 생겨났다. 바로 이집트 문명이 시작된 것이었다. 나일강 유역에서 발전한 이집트는 사막과 바다로 둘러싸여 폐쇄적인 성격을 띠었다. 그래서 오랫동안 통일 국가를 유지할 수 있었다. 그만큼 국가의 권력도 강화되어 파라오는 태양신의 아들로 숭배되었다.

고대 이집트에서는 대부분 다신교가 성행하였기 때문에 많은 신들이 여러 가지 형태로 숭배되었다. 나일강의 신인 하피 같은 자연신도 있었고, 자칼 모습을 한 아누비스와 고양이 모습을 한 바스테트 같은 동물 신도 있었다.

하토르

이야기 속에 나오는 인물 소개

- **호루스:** 이시스와 오시리스의 아들이다. 보통 매의 머리를 한 남성으로 표현된다.
- **하토르:** 호루스의 아내이며 태양신 라의 딸이다. 무서운 사자인 세크메트로 변하기도 한다. 사랑과 미의 여신이다.

- **오시리스:** 곡물의 신이자 풍요를 상징하며 또한 사후 세계의 신이기도 하다. 이시스의 남편이자 오빠이고, 호루스의 아버지이다.
- **게브:** 땅의 신이다.
- **누트:** 하늘의 여신이다. 토트가 콘수에게 받은 달빛 다섯 개로 새로운 날 다섯 개를 만들었는데 그 다섯 날을 이용해 오시리스, 하르마키스, 세트, 이시스, 네프티스를 낳았다.
- **이시스:** 고대 이집트에서 숭배된 최고의 여신이다.
- **세트:** 파괴와 혼돈의 신이다.
- **네프티스:** 죽음과 비탄의 여신이다. 세트의 아내이다.
- **아누비스:** 네프티스와 오시리스의 아들이다. 죽은 자의 수호신이다.
- **하르마키스:** 저평선의 태양신이라는 뜻으로 스핑크스의 모습을 하고 있기도 한다.
- **라:** 고대 이집트 신화의 태양신이다. 매의 머리를 가졌으며 코브라가 태양을 둘러싼 모양의 왕관을 쓰고 있다.
- **토트:** 지혜의 신이다. 주로 따오기나 비비 같은 동물 머리에 사람의 몸을 한 모습으로 그려진다. 법과 정의의 여신 마트의 남편이다.
- **마트:** 법과 정의의 여신이다. 태양신 라의 딸이다. 그녀의 머리 위에 꽂힌 깃털이 마트의 상징이다.
- **슈:** 고대 신화에서는 공기의 신으로 나타난다. 공기와 바람을 다스리는 신이었기 때문에 조용하고 평화적인 것으로 알려져 있다. 주로 타조의 깃털을 꽂고 있는 모습으로 등장하곤 한다.
- **콘수:** 달의 신이다.

호루스 오시리스 이시스 네프티스 아누비스 라 토트 슈

"호루스, 두렵지 않느냐?"
이시스의 물음에 호루스의 눈동자가 잠시 흔들렸지만 곧 잠잠해졌다.
"두렵지 않습니다, 어머니."
"나는 두렵구나."
아들 호루스를 바라보는 이시스는 슬픈 목소리로 말했다.
"세트는 파괴와 혼돈의 신이다. 이제 곧 태양이 떠오르면 넌 파괴의 신을 상대로 싸울 것이다. 그게 무얼 의미하는지 아느냐?"
호루스는 이시스의 손을 꼭 잡았다.
"어머니, 어찌하여 어머니답지 않게 나약한 말씀을 하시나요? 저는 완벽하게 준비했어요. 세상에서 가장 강력한 마법을 가진 어머니가 절 가르쳤고, 가장 강력한 능력을 가진 아버지에게 전략과 전술을 배웠어요. 항상 방관하던 하르마키스도 이번에 우리 편에 선다고 합니다. 전 반드시 세트를 잡아 심판대에 세울 겁니다."

이시스는 호루스의 머리를 부드럽게 쓰다듬었다.

"호루스, 용감한 나의 아들. 그래, 넌 결국 승리할 것이다. 미리 너에게 축하의 선물을 주마. 무얼 갖고 싶으냐?"

호루스는 잠시 생각에 잠겼다.

"저도 태양신 라의 진짜 이름을 알고 싶습니다. 어머니께서 라의 진짜 이름을 알게 되자 라도 어찌하지 못하고 세트를 심판해 주겠다고 했다지요? 물론 그전에 세트를 잡아야만 하겠지만요. 어머니, 가르쳐 주세요. 라마저도 구속시킬 수 있는 그의 진짜 이름을요."

이시스는 안타까운 낯빛으로 말했다.

"호루스. 내가 너에게 주는 것, 무엇이 아깝겠느냐? 하지만 나는 태양신 라에게 맹세했다. 그의 진짜 이름을 두 번 다시 입 밖으로 꺼내지 않겠노라고. 그 대가로 라가 세트와의 전쟁을 허락했다. 그러니 너의 그 요청만은 들어줄 수 없구나. 대신 너에게 세상이 어찌 만들어졌는지, 라가 어찌 태어났고 무슨 일을 했는지 알려 주마. 그리하면 똑똑한 너는 태양신 라의 이름을 알아낼 수 있을 테지. 이야기 속에는 모든 지혜가 숨어 있단다. 신들의 이야기, 이것은 마법이 원리, 마법의 본질이니 지혜와 지식이 바로 마법이란다."

'만제트라는 신들을 태운 영혼의 배가 어둠의 동굴을 지나면 나일강에 새로운 태양이 떠오르고, 그리하면 돌이킬 수 없는 전쟁의 서막이 열릴 터이다. 세트는 부모님의 원수이자 원래 내 자리여야 할 파라오의 지위를 강탈해 간 자이다. 비록 삼촌이라지만 그가 먼저 끊어 버린 혈연이지 아니한가. 파괴와 혼돈의 신인 세트와의 전쟁은 결코 쉽지 않을 것이다. 죽을힘을 다해도, 아니 어쩌면 내가 죽어도 승리를 장담할 수 없다. 하지만 결단코 살아남으리라. 반드시 승리할 것이다.'

호루스는 생각했다. 그때 귓속을 파고드는 이시스의 부드러운 목소리에 귀를 기울였다.

"태초에 물이 있었단다. 아무것도 아니었지만 아무것이나 될 수 있는 혼돈의 물이었지. 이 물속에 무언가가 생겨나 서로 뭉치고 흩어지기를 반복했어. 어떤 것은 개구리 같고 또 어떤 것은 뱀 같기도 한 무언가가 몽글거리다가 사라졌단다. 그 순간 태양신 라가 태어났지. 라는 물 밖으로 솟구쳐 오르며 태어난 순간이 감격스러워 입술에 대고 있던 손가락을 떼며 크게 소리를 쳤다고 하는구나. 그가 지른 첫 소리는 따오기처럼 세상으로 날아가 지혜의 신 토트가 되었어. 라가 온전히 서기 위해서는 발 디딜 땅이 필요했단다. 라는 생각하는 모든 것을 만들어 낼 수 있었지. 라가 땅이 필요하다 생각하자 혼돈의 물에서 뾰족한 흙 언덕이 솟아났어. 라는 혼돈의 물을 누라 부르고 흙 언덕을 벤벤이라고 했지. 하지만 라는 몹시도 외로웠다고 하는구나. 태초의 세상은 어둡고 고요했으니까. 그래서 라는 스스로를 아침에 떠오르는 케프라가 되고, 낮에 타오르는 라가 되며, 저녁에 지는 아툼이 되겠다고 생각했단다. 라의 생각대로 태양은 동쪽에서 떠올라 서쪽으로 지게 되었어. 세상의 첫째 날이었지."

우리나라 신화 속 창조신은?

우리나라 신화 속 세상을 창조한 신 중에 하나가 마고할미이다. 옛날 옛날 하늘과 땅이 딱 붙어 있었는데 어둠 속에서 긴 잠을 자고 있던 마고할미가 일어나 두 팔을 쭉 펴고 기지개를 켰다. 그러자 하늘에 금이 가며 해와 달이 얼굴을 내밀었다고 한다. 또한 마고할미가 손가락으로 땅 여기저기를 훑으니 강이 만들어졌다고 한다.
이렇듯 이집트 신화의 라가 세상을 창조한 것과 마고할미가 우리나라를 창조한 모습은 묘하게 닮아 있다.

마고할미

이시스는 라에 대해 계속해서 말을 이었다.

"다음 날 라가 숨을 크게 내뱉고 토하니 공기의 신인 슈와 습기의 신인 테프누트가 생겨났어. 또한 하늘의 여신인 누트와 땅의 남신인 게브도 만들었지. 누트와 게브는 한시도 떨어져 있으려 하지 않았어. 서로 부둥켜안고 있어 누가 누구인지 구별이 되지 않을 정도였지. 이에 공기의 신인 슈가 이 둘 사이를 파고들어 억지로 그들을 떼어 내고 둘이 서로 붙어 있지 못하게 하늘에 별을 만들었단다. 그러자 하늘의 여신은 제 몸을 길게

늘이고 둥글게 뻗어 손끝과 발끝으로 땅의 신을 붙잡았어. 드디어 하늘과 땅 사이에 공간이 생기자 태양신 라는 세상의 모든 것을 창조하기 시작했단다. 나일강을 만들고 식물과 동물, 곤충과 인간을 만들었지. 태양신 라는 인간의 형상인 파라오의 모습으로 인간들을 다스렸단다."

호루스는 어머니 이시스의 말에 더욱 귀를 기울였다.

"라가 다스리는 세상을 우리는 황금의 시기라고 한단다. 창조주가 직접 다스렸던 시기였으니까. 그때 지혜의 신인 토트가 말하길 언젠가 누트의 배 속에 있는 아이가 세상을 다스릴 거라고 했지. 그래, 비록 하늘과 땅이 분리되었지만 그때 이미 우리 형제들은 어머니의 배 속에 있었단다. 토트의 말을 들은 라는 불같이 화를 냈어."

"왜요?"

호루스는 왜 라가 화를 냈는지 궁금했다.

"라는 인간의 형상을 하고 있었기에 어느새 조금씩 늙어 가고 있었거든. 그런 자신을 대신할 후계자가 있어야 하는 건 당연한 일인데도 라는 그걸 인정하려 들지 않았어. 라는 자신이 다스리는 세상을 무척 좋아했으니까. 이 세상을 떠나 천상으로 올라가길 원하지 않았어. 그래서 라는 누트에게 자신이 창조한 그 어떤 날에도 아이를 낳지 못하도록 했어. 우리는 오랫동안 어머니 누트의 배 속에 있었단다. 어느 날 누트는 토트에게 가서 슬피 울었다고 하더구나. 지혜의 신인 토트는 자신의 말 때문에 아이를 낳지 못하게 된 누트에게 죄책감을 느끼고는 곧장 달의 신 콘수에게 갔단다. 콘수는 내기를 아주 좋아하지. 그런 콘수에게 토트는 세네트 게임을 가르쳐 주며 내기를 하자고 했어. 토트가 '그냥 하면 재미가 없으니, 콘수 자네가 이기면 나는 자네에게 지혜를 조금씩 건네주겠네. 자네가 지면 내게 무얼 줄 텐가?'라고 말하자 콘수는 자신의 달빛을 조금씩 주기로 했단다. 게임은 당연히 토트의 압승이었지. 다섯 번의 게임에서 다섯 번 모두 토트가 이겼어. 콘수는 그때부터 몸이 사라지는 그믐으로 변하곤 하였지만, 세상에는 새로운 빛으로 생긴 날이 만들어졌단다. 토트가 콘수에게서 받은 달빛 다섯 개로 새로운 날 다섯 개를 만들었으니, 태양신 라가 만든 360개의 날이 365일로 늘어났지."

호루스는 할머니이자 하늘의 여신인 누트가 어떻게 다섯 남매를 낳게 되었는지에 대해 비로소 알게 되었다. 그 다섯 날을 이용해 아버지 오시리스와 삼촌 하르마키스와 세트, 어머니 이시스와 이모 네프티스가 태어난 것이다.

"토트는 네 아버지 오시리스를 특별히 사랑했지. 어찌 사랑하지 않을 수 있었을까? 황금빛 피부와 청금색으로 휘날리는 부드러운 머리카락, 다정한 눈동자……. 나도 배 속에 있을 때부터 네 아버지 오시리스를 사랑했단다. 나와 오시리스는 토트에게 마법과 학문과 지혜를 함께 배웠어. 오시리스는 정말 똑똑하고 다정다감했지. 곡물의 신이기도 한 오시리스의 손에 닿은 풀과 나무는 그 어떤 식물들보다 더 달콤하고 실한 열매를 맺었어. 나는 그런 네 아버지를 보면서 누트의 아이가 새로운 파라오가 될 거라는 토트의 예언을 떠올렸어. 오시리스가 파라오가 되어 다스리는 세상은 얼마나 멋질까? 얼마나 풍요로운 세상이 될까? 상상만으로도 가슴이 벅찼어. 나는 네 아버지에게 부족함이 없는 여인이 되고 싶었단다. 그래서 나는 콘수에게 달의 마법을 배웠지. 내가 위대한 마법사가 된 건 어찌 보면 네 아버지 오시리스에게 힘이 되고 싶었기 때문이란다."

이시스는 자신의 이야기를 경청하는 호루스의 얼굴을 잠시 바라보다 부드럽게 쓰다듬었다.

"호루스, 너의 아름다운 아내 하토르를 사랑하느냐?"

"네, 어머니. 저는 제 아내 하토르를 어머니만큼이나 사랑해요."

"그래, 네 아내를 사랑하고 존중해 주어라. 결코 네 아내를 화나게 해서는 안 된다. 너에게는 둘도 없이 사랑스럽고 아름다운 여신이겠지만 하토르의 본질은 세상의 모든 인간을 없애 버릴 수도 있는 무서운 사자란다."

"하토르가요?"

믿을 수 없다는 호루스의 눈빛을 보며 이시스는 조용히 미소 지었다.

"하토르는 태양신 라가 가장 신뢰하고 사랑하는 딸이지. 얼마나 사랑했으면 하토르를 뱀으로 만들어 이마 한가운데에 띠처럼 두르고 다녔을까! 하토르는 착하고 아름답지만 라에게 반항하는 자는 누구든 용서하지 않았지. 아주 오래전 인간들이 라를 배신한 적이 있어. 라가 점차 늙어 가자 그에게 힘이 없어진다 생각하여 인간들은 아포피스라는 악마를 숭배했단다. 라는 자신을 배신한 인간들에게 분노했고, 태양 빛을 쏘아 그들을 불태웠지. 하지만 인간들은 숲으로 도망쳤어. 그리고 그 숲에서도 죄를 지었지. 하긴 아포피스는 인간의 선과 밝음을 먹어 치우는 악마이니, 그를 숭배한 인간들이 무얼 어찌할 수 있었겠느냐? 그러자 라는 네 아내 하토르에게 악마를 숭배한 인간들을 벌하라고 하였단다. 하토르는 무서운 사자인 세크메트로 변하여 숲으로 가서 닥치는 대로 인간의 목덜미를 물어뜯었단다. 인간들의 처절한 비명이 세상에 가득 차자 라는 마음이 흔들렸어. 그만 인간을 용서해 주고 싶었지. 하지만 세크메트로 변한 하토르는 인간을 사냥하는 걸 멈추지 않았어. 라는 세크메트를 잠들게 하고는 붉은 황토를 탄 맥주를 만들어 주변에 뿌려 두었지. 잠에서 깬 세크메트는 자신의 주변에 뿌려진 맥주가 인간의 피인 줄 알고 거침없이 마셨단다. 그게 피가 아니라 맥주라는 걸 알아차렸을 때는 이미 취해서 몸을 가눌 수가 없었어. 그러자 라는 세크메트에게 난폭함과 증오를 이겨 내는 사랑을 만들어 주었지. 세크메트는 하토르로 돌아와 아름다움의 여신이 되었단다."

이시스는 호루스를 바라보며 말했다.

"그러니 호루스, 네 강력한 지지자인 하토르가 네 적들에겐 무서운 괴물이라는 걸 절대 잊어서는 안 된다."

"명심하겠습니다, 어머니. 아내를 늘 존중하겠습니다."

호루스는 어머니 이시스의 눈길을 올곧게 받아 내며 대답했다. 문득 호루스는 아버지에 대해 한결같은 사랑을 보내는 어머니가 새삼 존경스러웠다.

"어머니, 말씀해 주세요. 어머니께서 아버지를 파라오로 만들었다 들었어요. 어떻게 하신 건가요?"

이시스는 조금 씁쓸하게 웃었다.

"사실 라는 수천 년 동안 지상을 다스리면서 늙고 지쳐 있었단다. 하지만 좀처럼 자리에서 물러나려고 하지 않았어. 나는 나일강의 진흙으로 강력한 독을 가진 코브라를 만들어 라가 잘 다니는 길목에 두었단다. 내 의도대로 라는 코브라를 보고 호기심을 느끼며 다가오더구나. 세상의 모든 것이 자신의 손으로 창조되었는데 마법으로 만들어진 코브라를 보았으니 어찌 흥미를 느끼지 않을 수 있었겠니. 코브라는 자신에게 다가온 라의 발목을 날카로운 이빨로 물었단다. 비록 태양신이라 할지라도 파라오라는 인간의 형상을 가졌기에 라 역시 인간의 고통에서 벗어날 수 없었지. 라는 세상의 모든 의사와 마법사를 불러 모아 자신을 치료하게 했어. 하지만 나의 마법은 강력했어. 아무도 고칠 수 없게 된 즈음 내가 라에게 가서 그를 치료해 보겠다고 했지."

"태양신 라여, 당신의 이름을 알려 주세요. 당신의 이름에 마법을 걸어 고통에서 벗어나게 하겠습니다."

"나는 아침에 떠오르는 태양 케프라이고, 낮에 찬란하게 타오르는 태양 라이며, 저녁에 지는 태양 아툼이다."

호루스는 라가 진짜 이름을 알려 준 것인지 궁금했다. 그다음에 이어질 이야기를 기다리는 호루스에게 이시스가 말했다.

"나는 케프라와 라와 아툼의 이름에 치료 마법을 걸었지만 라의 고통은 사라지지 않았지. 나는 라에게 진짜 이름을 가르쳐 달라 했어. 라는 몹시도 꺼렸지만 뼈와 살이 녹는 육체의 고통 앞에서는 어찌하지 못하더구나. 결국 내게 비밀을 절대 누설하지 않을 것을 맹세받으며 자신의 진짜 이름을 가르쳐 주었지. 나는 그의 진짜 이름이자 본질에 치료 마법을 걸어 그를 코브라의 독에서 해방시켜 주었단다."

호루스는 문득 어린 시절 전갈의 독에 쏘여 저승의 세계인 두아트로 간 일이 떠올랐다. 자신은 태양신 라처럼 강력하지도 않았고, 전갈 역시 평범하지 않았다. 호루스를 죽이기 위해 세트가 보낸 전갈이었다. 하지만 세트의 시도는 죽은 자들의 왕이 된 오시리스가 호루스의 영혼을 잽싸게 두아트로 가져감으로 무위로 돌아갔다. 호루스가 두아트에서 오시리스에게 지식을 배우며 안전하게 자라는 동안 세트는 호루스가 죽은 줄로만 알았다. 어머니인 이시스 역시 호루스가 죽은 줄로만 알고 품 안에서 그를 놓지 않고 몇 날 며칠을 울었다. 그리고 지혜의 신 토트가 이시스에게 호루스는 오시리스의 품에 안전하게 있다고 알려 주기 전까지 그 눈물을 그치지 않았다고 한다. 호루스는 한낮의 태양이 불타오를 때, 재가 된 산꼭대기에서 불사조의 모습으로 지상으로 돌아왔다.

이시스가 태양신 라를 독으로 쓰러뜨렸기에 이시스의 아들인 호루스도 독으로 쓰러졌다. 이는 아마도 정의의 여신 마트의 권능인지도 모른다. 신이라 할지라도 벗어날 수 없는 세상의 원리이다.

"그리고 비밀을 누설하지 않겠다는 대가로 오시리스는 태양신 라의 후계자, 새로운 파라오가 되었지."

호루스는 저도 모르게 마른침을 삼켰다. 설핏 피부 위로 가벼운 소름이 돋았다.

"자, 아들아. 지상을 떠나 천상으로 간 라가 밤의 동굴을 지나 동쪽으로 배를 저어 오는구나. 네 아버지의 명예를 위해 전장으로 나아가야 할 때가 왔다. 이제 네가 마땅히 올라야 할 파라오 자리를 향해 나아가거라. 가

거라. 가서 세트의 목을 가져오너라."

삐익! 날카로운 소리를 내며 매로 변한 호루스가 나일강 위로 날아올랐다. 누트와 게브의 둘째 자녀이자 흔히 파라오의 수호자 스핑크스로 불리는 하르마키스가 참담한 심정으로 대치하고 있는 호루스와 세트의 군대를 내려다보았다. 형제간의 다툼에 끼어들기 싫었던 하르마키스는 늘 한 걸음 물러나 있었다. 하지만 하르마키스의 방관은 오시리스의 죽음을 가져왔다. 그리고 오시리스의 아들인 호루스는 아버지의 원수를 갚고 자신의 자리를 찾겠다는 일념으로 전쟁을 일으켰다.

이시스를 아내로 두고 호루스를 아들로 둔 오시리스에 대해 하르마키스는 부러움이 샘솟았다. 어째서 오시리스가 '항상 행복한 자'라 일컬어지는지 알 듯했다.

'어리석은 내 동생, 세트야. 너도 이런 질투로 그런 무모한 짓을 벌였겠지.'

태양신 라는 코브라에게 물린 상처를 치료받은 뒤 파라오의 자리를 오시리스에게 물려주고 천상으로 올라갔다. 아름다운 이시스를 아내로 맞이한 오시리스는 정말 행복해 보였다. 못하는 게 없었던 오시리스는 파라오로서의 능력도 뛰어났다. 나일강은 언제나 범람과 풍요를 반복하였고 오시리스는 사람들에게 농사짓는 법을 가르치고 시와 음악을 가르쳤다. 장대를 꽂아 포도나무를 키우고 포도를 밟아 와인을 만들어 사람들에게 나누어 주기도 했다. 또한 율법을 정하고 신을 섬기도록 가르쳤다. 사람들은 오시리스에게 문명을 배웠고 그를 찬양하며 이집트의 산물과 세상의 모든 공물을 가져다 바쳤다.

오시리스가 행복할수록 그의 동생 세트는 불행했다. 네프티스와 결혼한 세트는 황량한 사막을 다스렸다. 그가 지배하는 사막에는 언제나 모래바람이 불며 그의 숨결에 따라 모래 폭풍이 휘몰아치기도 했다. 비록 나일강만큼 비옥하지는 않았어도 땅속에는 아름다운 광물이 묻혀 있어 부유했다. 하지만 세트는 언제나 나일강만을 바라보았다.

나일강의 범람

나일강은 6월부터 물이 불어나고 9월이 되면 물이 빠졌다. 나일강의 범람은 다른 나라와는 다르게 축복으로 여겨졌다. 나일강의 범람은 사막에 생명과도 같은 물줄기를 안겨 주었기 때문이다. 이집트인들은 나일강의 범람 시기를 알기 위해 태양력을 만들었는데, 이는 오늘날 태양력의 토대가 되었다. 이집트인들은 나일강의 신 하피가 강의 범람을 담당한다고 생각하고 하피를 숭배했다.

하피

그러던 어느 날 오시리스가 세트를 찾아왔다. 시인과 악사를 데리고 세상을 돌아다니며 문명을 전하기에 여념이 없던 오시리스는 꿈에도 생각하지 못했으리라. 자신의 동생이 자신을 얼마나 질투하고 증오하는지.

세트는 자신의 왕궁에 도착한 오시리스 일행을 위해 큰 연회를 베풀었다. 연회가 한참 흥이 오를 때 세트는 삼나무와 흑단으로 만든 아름다운 상자를 가져왔다.

"아름다운 상자이지 않은가? 이 상자에 꼭 맞는 몸을 가진 자에게 선물로 주겠네."

사람들이 하나둘 상자 안에 들어가 보았지만, 애초에 그 상자는 오시리스의 몸에 맞춰 만들어진 물건이었기에 맞는 사람이 없었다. 상자는 금과 은, 화려한 청금석으로 장식되어 있었으나 모든 것을 다 가진 오시리스는 딱히 상자가 탐나지 않았다. 하지만 오시리스는 한번 들어가 보라는 세트의 권유에 못 이겨 상자 안으로 들어갔다.

오시리스가 상자 안으로 들어가자마자 세트는 뚜껑을 닫고 상자를 밀랍으로 봉하였다. 좁은 상자 안에서 옴짝달싹 못 하게 된 오시리스는 그대로 죽음을 맞게 되었다. 세트는 오시리스의 관이 된 나무 상자를 나일강에 버렸다. 그러고는 그대로 사람들에게 오시리스의 죽음을 알리고 새로운 파라오가 되었다.

세트의 악행이 그뿐이었다면 하르마키스는 그의 적이 되어 오늘 이 자리에 서 있지 않았을 것이다. 하르마키스는 오시리스를 사랑한 만큼 남동생 세트도 사랑했다. 세트의 부러움과 질투를 이해할 수 있었다.

오시리스가 죽었다는 소식을 들은 이시스는 오시리스의 죽음을 받아들이려 하지 않았다. 이시스는 죽은 남편의 시체를 찾아 온 세상을 헤매기 시작했다.

오시리스를 실은 나무 상자는 나일강을 따라 지중해로 건너가 비블로스에까지 이르게 되었다. 비블로스 해안가에 있던 타마리스크 나무는 오시리스의 나무 상자를 감싸며 하룻밤 사이에 거대한 나무로 성장했다. 타마리스크 나무는 아름다운 꽃을 피우고 향기로운 냄새를 풍기기 시작했다. 비블로스 왕궁에서는 이 향기로운 나무를 베어다가 궁전의 기둥으로 만들었다.

소문을 들은 이시스는 곧장 비블로스로 달려갔다. 이시스는 노파로 변장하여 왕궁의 시녀들이 물을 길으러 오는 우물가에 앉아 있었다. 노파가 된 이시스는 시녀들에게 물을 한 모금 얻어 마시고, 그 대가로 시녀의 머리를 곱게 땋아 주었다. 그러고는 머리카락에 향기를 불어넣었다.

비블로스의 왕비는 시녀의 머리에서 나는 향기의 출처를 물었고, 시녀는 우물가의 노파가 머리를 땋아 주었다고 했다. 왕비는 노파가 보통 사람이 아님을 알고는 궁으로 데려와 몸이 약한 어린 왕자의 유모가 되게 하였다. 이시스는 낮에는 젖을 달라 우는 왕자의 입에 손가락을 넣어 빨게 하고, 밤에는 마법으로 타오르는 생명의 불꽃에 왕자를 넣어 두었다. 밤마다 이시스는 제비로 변하여 오시리스의 관이 들어 있는 궁전 기둥을 돌며 슬피 울었다.

비블로스의 왕과 왕비는 날로 건강해지는 왕자의 모습에 기뻐하며 어느 날 밤 왕자를 직접 찾아갔다. 하지만 그들은 타오르는 불 속에 있는 왕자를 보고 놀라 곧장 불을 꺼 버렸다. 제비로 변한 채 슬피 울던 이시스는 생명의 불꽃이 사그라진 것을 알고는 왕자의 궁으로 돌아왔다. 그러고는 왕과 왕비에게 여신의 모습을 보였다.

"어리석다, 비블로스의 왕과 왕비여. 너희의 아들은 나의 마법으로 불멸의 삶을 살 수도 있었는데 그 불꽃을 꺼 버리다니. 왕자를 맡길 때는 나를 믿는다 하더니 이것이 너희의 믿음이더냐?"

"오, 이시스시여. 저희가 어리석었습니다. 자비를 베푸소서."

"내게 궁전의 향기가 나는 기둥을 다오. 그리하면 너희 왕국과 왕자에게 나 이시스의 축복을 주겠노라."

비블로스의 왕은 곧장 궁전의 기둥을 이시스에게 바쳤다. 이시스가 기둥을 반으로 가르자 그 속에서 오시리스의 관이 나왔다. 다행히 오시리스는 부패하지 않고 온전한 모습을 유지하고 있었다. 이시스는 기뻐하며 약속한 대로 비블로스 왕국에 축복을 내린 뒤 오시리스의 관을 들고 이집트로 돌아왔다.

이시스는 나일강의 하류 켐미스섬에 오시리스를 숨겼다. 이시스는 마법의 힘으로 오시리스를 살려 냈지만 온전히 그를 깨어나게 하진 못했다. 오시리스가 자신의 명예가 회복되지 않는 한 지상으로 돌아오려 하지 않았기 때문이다. 오시리스가 말했다.

"이시스, 나는 이미 죽은 몸이오. 태양신 라가 내게 허락한 파라오의 자리는 이제 그대 배 속에서 자라나는 우리의 아이에게 물려주는 것이 마땅하오. 그러니 이시스, 온전히 나의 장례를 치러 나를 사후 세계인 두아트로 가게 해 주오. 나는 그곳에서 죽은 자들의 왕이 되겠소."

"당신을 그리워하는 나는, 나는 어찌하라고 그리 말씀하십니까?"

"이시스, 두아트에는 나일강변보다 아름다운 아아루가 있소. 죄 없는 영혼들이 노니는 그곳에서 소를 몰고 악기를 연주하다가 그대와 우리의 아이가 보고 싶을 때마다 배를 타고 지상으로 오겠소."

이시스는 고개를 끄덕이고는 오시리스의 장례를 치르기 위해 잠시 자리를 비웠다. 하필이면 그때 나일강 하류로 사냥을 나온 세트가 잠자듯 누워 있는 오시리스를 발견한 것이다.

"하하하! 오시리스, 나의 형님. 당신은 어찌 그리도 운이 없으신 게요. 내가 당신을 온전히 두아트에 들어가게 내버려 둘 것 같소?"

세트는 자신이 가진 분열과 파괴의 힘으로 오시리스의 몸을 열네 개로 갈가리 찢었다. 오시리스의 몸은 나일강과 이집트 전역에 뿌려졌다.

이시스는 또다시 눈물을 뿌리며 이집트를 돌아다니며 오시리스의 몸을 모으기 시작했다. 이시스와 오시리스의 남매이자 세트의 아내인 네프티스도 소식을 듣고 자신의 아들 아누비스를 데리고 이시스에게 왔다.

"우리도 세트의 악행에 지쳤어. 나와 내 아들이 도와줄게."

이시스는 네프티스와 아누비스의 도움을 받아 오시리스의 몸을 모았다. 땅에 뿌려진 오시리스의 몸은 거둘 수 있었다. 하지만 나일강에 던져진 오시리스의 몸은 이미 물고기들의 배 속으로 사라져 버린 뒤였다. 네프티스는 화합과 모임의 힘을 가진 실과 바늘을 이시스에게 건네주었고, 이시스는 열세 개로 조각난 오시리스의 몸을 바느질하여 하나로 모았다. 비록 오시리스의 한 부위가 사라져 버렸지만 말이다.

이시스는 오시리스의 영혼이 아아루에서 노닐다가 지상으로 올라올 때 그가 사용할 육체를 영구히 보전해야겠다고 마음먹었다. 그래서 이시스는 썩기 쉬운 뇌는 콧구멍으로 다 내보내고, 간과 허파는 잘 말려 단지에 보관하였다. 잘 말린 심장은 오시리스의 몸 안에 다시 넣은 뒤 온몸을 붕대로 감았다. 마지막으로 오른손에는 지팡이, 왼손에는 도리깨를 쥐어 준 뒤 오시리스의 장례를 치렀다.

카노푸스의 단지

미라를 만들 때 시신에서 꺼낸 장기들은 호루스의 네 아들을 상징하는 단지 네 개에 보관했다. 사람 머리 단지에는 간을 넣고, 원숭이 머리 단지에는 폐, 매 머리 단지에는 창자, 자칼 머리 단지에는 위를 넣었다.

카노푸스의 단지

온전한 장례를 치르고 두아트로 들어간 오시리스는 그의 말대로 죽은 자들의 왕이 되었다. 물론 신조차 두려워하지 않고 한입에 삼키는 저승 괴물들과의 싸움에서 승리한 뒤 오른 왕좌였다.

《사자의 서》

사후 세계를 무사히 통과하기 위한 안내서이다. 이집트 사람들은 사람 몸속에 영혼이 있다고 믿었다. 사람이 죽으면 영혼이 사람 몸을 떠나서 쉬고 있다가 미라가 되어 부활하면 몸속으로 들어가 되살아난다고 믿었다. 그래서 사람이 죽으면 죽은 자를 위한 상세한 안내서인 《사자의 서》를 같이 묻어 주었다.

아누비스
자칼의 머리를 하고 있다. 죽은 자의 영혼을 심판의 저울로 데려가는 역할을 한다.

심판의 저울
심장의 무게를 달아 죽은 자가 살아서 지은 죄의 무게를 재는 저울이다.

호루스
매의 머리를 하고 있다. 심판 과정을 감독한다.

죽은 자의 심장

정의의 신 마트의 깃털

오시리스
사후 세계의 최고의 신이자 생명을 담당하는 신이다. 초록색 피부를 하고 있으며 오른손에는 권능을 상징하는 지팡이를, 왼손에는 생명을 상징하는 도리깨를 쥐고 있다. 관문을 무사히 통과한 영혼은 오시리스 앞에 가 영원한 생명을 받았다.

암무트
악어 머리에 사자의 갈기를 한 괴물이다. 심판의 저울 옆에서 있다가 깃털보다 무거운 심장을 삼킨다.

토트
따오기 머리를 하고 있다. 저승의 서기관으로 심판 과정을 기록한다.

정의는 너무나도 무거워 지상에 있지 못하고 지하로 가라앉아 있더군요. 세상의 정의를 위해 저승의 괴물을 지상으로 풀어놓는다면, 저승 괴물들은 신이든 인간이든 가리지 않고 악행을 저지른 모든 이들의 심장을 물고 내게로 오겠지요. 아무리 큰 신이라 할지라도 결국은 내 앞에 서서 정의의 신 마트의 깃털과 저울질하게 됩니다. 저울이 그대들의 죄 때문에 기운다면, 저승의 괴물은 그대들의 심장을 삼킬 테고 그대들은 영원히 소멸하게 되겠지요. 부디 소멸이 아니라 아아루에서 함께 노닐 수 있게 되기를 바랍니다. 나는 기다리고 있습니다. 곡물을 자라나게 하여 세상을 굶주림에서 벗어나게 한 내가 파라오가 된 것이 정당하듯 내 아들이 파라오가 되어 지상에도 정의가 실현되기를.

저승에서 온 오시리스의 편지에 모든 신들은 저승의 괴물들이 지상으로 올라오게 될까 두려움에 떨었다. 자신의 모든 창조물을 사랑한 라는 '보리와 밀을 창조한 것은 나'라며 오시리스의 말에 반박하는 듯했지만 결국 세트의 편에는 서지 않았다. 태양신 라조차도 언젠가는 저승에서 기다리는 오시리스와 만나야 하기 때문이었다.

하지만 세트는 눈 하나 깜짝하지 않았다. 그리고 자신의 모든 권속들을 모아 멧돼지의 강한 힘과 날카로운 송곳니로 무장시켰다.

"호루스야, 할 수 있다면 내게서 왕좌를 뺏어 가 보려무나. 나는 밤마다 부활하는 우주의 뱀을 찔러 죽이는 혼돈과 파멸의 신이다. 폭력과 어둠,

전쟁, 폭풍이 나의 힘이며, 파라오의 힘이다."

 상상하기 힘들 만큼 길고 날카로운 송곳니를 가진 멧돼지 군단이 성난 콧바람을 씩씩거리며 호루스의 군대를 노려봤다. 그들은 마치 한 몸처럼 움직이며 막강한 전투력을 뽐내고 있었는데 세트도 그 멧돼지 중 한 마리로 변신하여 군단을 지휘했다.

 반면 호루스 군대의 전열은 제각각이었다. 가장 선두에 선 호루스는 매로 변하여 커다란 날개를 활짝 펼친 채 공중을 맴돌고 하르마키스와 호루스의 아내 하토르도 사자로 변하여 지상의 군대를 지휘했다. 그 뒤를 이시스를 따르는 마법사들의 군대가 받치고, 양옆으로 활과 창, 검을 든 전

차 군대가 달라붙었다.

"온다!"

먼지구름을 하늘까지 날리며 달려드는 멧돼지 군대의 돌진에 호루스 군대는 매의 양 날개처럼 쫙 펼쳐졌다. 하지만 멧돼지 군대를 양 날개로 가두어 공격하기도 전에 세트가 지휘하는 군대는 반대편에서 다시 전열을 갖추었다. 믿기 힘들 만큼 빠른 속도로 좌우로 치고 빠지는 돌격전이었다. 거듭되는 세트의 공격에 호루스 군대는 전열이 흩어졌다 모이기만을 반복했다.

하르마키스는 호루스에게 외쳤다.

"호루스, 눈을 열어라. 내가 네 눈 안으로 들어가 힘을 보태겠다. 태양의 눈으로 바라보면, 저 멧돼지 군대 속에 숨어 있는 세트를 찾아낼 수 있을 게다."

지휘자를 잃어버린다면 멧돼지 군대는 순식간에 흩어지게 될 것이다. 그렇다면 호루스 군대는 멧돼지 군대를 순식간에 전멸시킬 수 있었다.

호루스가 땅으로 내려와 눈을 열려는 순간 멧돼지들 속에서 멧돼지 한 마리가 날듯이 튀어나왔다.

"앗, 안 돼!"

호루스의 아내 하토르가 제 몸을 날려 멧돼지를 막아 세우려 했지만, 세트는 그보다 더 빨랐다. 멧돼지의 날카로운 송곳니가 호루스의 눈을 찔렀다. 유리알 같았던 호루스의 왼쪽 눈이 산산이 부서져 바닥으로 떨어져 내렸다.

옆에 있던 하르마키스가 급하게 떨어져 내리는 눈 조각을 손으로 받았다. 호루스의 눈은 2분의 1, 4분의 1, 8분의 1, 16분의 1, 32분의 1, 64분의 1 크기의 조각으로 깨어졌다. 모두 합쳤지만 64분의 63 크기밖에 되지 않았다. 어느새 반대편 진영으로 달아난 세트가 의기양양하게 웃으며 제 송곳니에 달려 있는 한 조각을 삼켰다.

하토르는 급하게 호루스에게 달려와 마법으로 눈을 다시 하나로 합쳤다. 사라진 눈 조각은 어쩔 수 없이 달빛으로 채워 넣었다. 잠깐의 실수로 치명적인 부상을 입긴 했지만 호루스는 물러서지 않았다.

호루스는 다시 날아올라 이번에는 멧돼지들 사이에 숨어 있는 세트를 제대로 낚아챘다. 물론 그의 뒤로 하르마키스와 하토르가 호루스에게 마법의 힘을 보태어 주고 있었다. 양옆으로 지원 사격이 있는 것도 당연했다. 매의 날카로운 발톱에 낚여 공중으로 올라간 세트는 곧장 하마로 변신하여 도리어 호루스를 나일강으로 끌고 들어갔다. 세트의 힘은 어마어마했다.

세트가 빠진 멧돼지 군대는 곧장 호루스 군대에 포위당했다. 하르마키스가 주문을 외쳤다.

"너희의 눈은 어두워질 것이고 마음도 어두워질 것이다."

그러자 멧돼지들은 서로를 송곳니로 찌르고 몸으로 치고받으며 싸우기 시작하였다. 눈과 마음이 어두워져 서로를 적으로 인식했기 때문이다. 멧돼지 군대가 전멸하는 동안 나일강 아래에서도 격렬한 싸움이 벌어지고 있었다. 강물 아래에서 하마 두 마리가 서로를 물어뜯어 가며 싸우고 있었다. 누가 누구인지 알 수 없었지만 이시스는 호루스와 세트를 구별할 수 있었다. 이시스는 곧장 긴 작살을 들어 세트를 향해 내리꽂았다. 옆구리에 작살이 꽂힌 세트는 헐떡이며 강 밖으로 올라왔다.

"이시스, 내 아름다운 누이. 어찌하여 항상 오시리스만 바라보고 나는 한 번도 돌아봐 주지 않는 게냐?"

이시스의 눈동자가 흔들리는 걸 본 세트는 더욱 불쌍한 목소리로 말했다.

"그대와 오시리스, 그리고 호루스의 승리이다. 승리자의 관용을 베풀어이 작살을 뽑아 주렴. 옆구리가 너무 아프구나."

세트보다 조금 늦게 올라온 호루스는 제 눈으로 보고도 믿기지 않는 광경을 보았다. 어머니 이시스가 세트의 옆구리에 꽂힌 작살을 뽑는 게 아닌가? 작살이 뽑히자마자 세트는 제 영혼을 육체에서 분리하여 멀리 달아나 버렸다.

"어머니! 이게 무슨 짓입니까?"

머리끝까지 화가 난 호루스는 마치 이시스의 목을 베듯 그녀가 쓰고 있던 왕관을 쳤다. 왕관은 쨍그랑 소리를 내며 땅으로 굴러갔다. 멧돼지 군대를 순식간에 제압한 호루스 군대가 한순간 마법에라도 걸린 듯 모든 동작을 멈췄다. 피비린내가 진동하던 나일강 주변은 모든 움직임이 사라진 채 고요하기만 했다.

숨소리조차 제대로 낼 수 없었던 고요함을 부수기라도 하듯 공중에서 따오기 한 마리가 땅으로 내려왔다. 지혜의 신 토트였다. 토트는 아무렇지도 않게 땅바닥에서 뒹구는 왕관을 집어 들었다.

"호루스, 네 승리이구나. 축하한다."

그제야 이시스는 화난 표정으로 토트를 보며 말했다.

"그 잘난 왕관을 내 아들에게 씌워 주세요!"

이시스는 소로 변하여 산으로 달려갔다. 호루스가 뒤늦게 어머니를 잡으려 손을 뻗었지만, 산으로 사라진 이시스는 이미 보이지 않았다. 허망하게 공중으로 뻗은 호루스의 손을 아내 하토르가 조용히 맞잡아 주었다.

토트는 왕관을 호루스의 머리에 씌워 주었다.

"호루스, 이제 네가 파라오다. 네 아버지 오시리스의 명예도 회복되었고 지상에도 정의가 실현되었구나."

토트는 바닥에 쓰러진 세트의 육신을 툭 건드리며 말했다.

"자, 말해 보아라. 세트를 어찌하면 좋을지. 모든 것을 네 처분에 맡기겠다고 태양신 라께서 말씀하시는구나."

호루스는 세트를 내려다보며 말했다.

"그가 내 아버지 오시리스에게 그랬듯이 나 역시 그를 열네 조각으로 잘라 악어와 물고기의 밥이 되게 하겠습니다."

토트가 고개를 끄덕이자 세트의 육체는 호루스의 말대로 열네 조각으로 잘려 악어와 물고기에게 주어졌다.

"호루스, 하지만 세트는 죽은 게 아니다. 그의 영혼은 무서운 맹독을 지닌 뱀의 몸에 숨어 있구나. 언젠가 다시 그와 결전을 벌여야 할 것이다."

"두렵지 않습니다."

호루스가 파라오의 자리에 오르자 모든 것이 제자리로 돌아간듯 이집트는 다시 번영과 풍요를 누리기 시작했다.

뱀의 몸에 숨어든 세트는 엘리판티섬에서 이를 갈며 복수를 계획했다. 세트는 호루스가 제 아버지 오시리스처럼 이집트 곳곳을 돌아다니길 기다렸다.

마침내 호루스가 배를 타고 엘리판티섬으로 오자, 세트는 사나운 파도와 거친 폭풍을 일으키며 저주를 퍼부었다. 파라오가 된 호루스는 한시도 토트의 예언을 잊지 않았기에 세트의 저주를 어렵지 않게 막아 냈다.

호루스의 배는 폭풍을 뚫고 앞으로 나아갔다. 긴 창을 든 호루스는 선두에 서서 거친 파도 속에 숨어 있는 세트가 나오길 기다렸다. 그리고 하늘로 치솟는 높은 파도와 함께 달려드는 세트를 향해 긴 창을 날렸다. 호루스가 던진 창은 엄청난 힘으로 세트의 머리를 관통하였고 세트의 영혼은 사라졌다. 세트의 영혼이 먼지처럼 소멸하자 구름 속에 숨어 있던 밝은 태양이 모습을 드러냈다.

이집트 사람들은 환호하며 기뻐했다.

"파라오에게 영광이 있기를!"

"기뻐하라 이집트여. 호루스가 아버지의 원수, 세트를 무찔렀다."

"이제 그 고기를 먹고 피를 마시고 뼈를 불사르자. 용감한 전사 호루스! 우리의 파라오에게 영원한 영광을!"

신의 대리자이자 태양신의 후계자인 파라오의 세상이 시작되는 순간이 었다.

시작이 있으면 끝이 있는 법, 언젠가 세상의 창조자 태양신 라가 모든 힘이 빠져 저승의 오시리스에게 가게 된다면 이 이야기는 끝이 난다. 오시리스와 마주 서는 날, 하늘과 땅, 저승으로 분리되었던 세상은 다시 하나로 합쳐진다. 혼돈의 물만 남게 될 세상은 종말을 맞게 될 것인가, 아니면 새로운 시작을 맞게 될 것인가?

3장

신들의 전쟁으로 탄생한 세상

중국 문명 신화

> **신화는 모든 인간의 이야기이자 세상의 이야기이다.**

중국 문명은 대개 중국의 황허강 유역을 중심으로 전개되었다. 사람들은 황허강 주변의 부드럽고 비옥한 농토에서 농사를 지으며 모여 살았다. 중국 문명 신화는 역사와 신화가 섞여 있다는 특징이 있다. 대부분의 문명이 그러하듯 중국의 역사도 창조 신화로 시작된다. 중국 문명 신화의 어디까지를 역사로 보고 어디까지를 신화로 봐야 하는지 모호하지만, 그만큼 우리의 상상력을 자극하기 때문에 꽤 매력적이다.

이야기 속에 나오는 인물 소개

- **여와:** 중국 신화에서 인간을 창조한 것으로 알려진 여신이다. 복희와 남매이다.
- **반고:** 거인 신이다. 세계가 아직 하늘과 땅으로 구분되지 않았을 때, 반고가 태어나 자라면서 머리는 하늘을 떠받치고 다리는 땅을 지탱하였다고 한다.
- **복희:** 중국 신화에서는 제왕이기도 하고 신이기도 하다. 삼황오제의 한 명이며 여와의 오빠이다.

- **황제:** 삼황오제의 한 명으로, 천둥과 번개의 신이다.
- **전욱:** 삼황오제의 한 명으로, 황제의 뒤를 이었다. 제왕의 자리를 놓고 공공과 다투었다.
- **염제:** 삼황오제의 한 명이다. 사람들에게 불을 전수하여 때로는 신농과 동일시되는 경우도 있다.
- **축융:** 염제의 부하로, 불의 신이다.
- **치우:** 염제의 자손으로, 황제와 여러 차례 전쟁을 벌인 것으로 전해진다.
- **발:** 황제의 딸로, 가뭄의 여신이다.
- **공공:** 물의 신이다. 제왕의 자리를 놓고 전욱과 다투었다.
- **제곡:** 전욱의 뒤를 이어 제위에 올랐다.

삼황오제

중국 신화는 삼황오제에서 시작한다. 삼황은 여와, 복희, 염제(신농)이고 오제는 황제, 전욱, 제곡, 요, 순을 말한다. 여와는 자손이 번성할 수 있게 혼인하는 방법을 알려 주었고, 복희는 사람들에게 그물을 만드는 법을 알려 주었다. 염제는 농사짓는 법을 알려 준 농사의 신이다. 오제 중 황제는 중국을 처음으로 통일한 군주이다. 황제 다음으로 전욱, 제곡을 거쳐 임금이 된 이는 요와 순이다. 요와 순은 덕으로 천하를 다스려 백성들을 풍요롭게 했다고 전해진다.

여와와 복희 / 염제(신농) / 황제 / 전욱 / 제곡 / 요 / 순

"아름다워. 하지만 너무 심심해."

웅장한 산과 그 너머로 보이는 너른 바다를 보며 여와가 중얼거렸다. 얼굴을 스치고 지나가는 바람이 살랑거리며 풀과 나무를 흔들었지만 여와의 눈에 비친 세상은 조용하기만 했다. 여와가 발을 딛고 있는 곳은 우주 알에서 깨어난 거인 신 반고의 몸이 변하여 만들어진 세상이었다. 반고가 만든 세상이 무척이나 아름다워 신들은 종종 세상에 내려와 놀다 가곤 했다. 어떤 신들은 아예 세상에 터를 잡아 살기도 했다. 당시에는 하늘과 땅이 그다지 멀지 않아 하늘까지 닿아 있는 산이나 나무가 여럿이었는데, 하늘의 신들이 이 산과 나무를 중심으로 터전을 마련하곤 했다. 동쪽에는 복희, 북쪽에는 전욱, 서쪽에는 황제, 남쪽에는 염제가 지역의 큰 신들이었다.

"뭔가 움직이는 걸 만들어 볼까?"

여와는 땅의 흙을 조물조물 주물러 닭과 개, 양, 돼지, 말, 소 등을 만들기 시작했다. 여와가 만든 동물들은 제각기 푸드덕거리며 세상을 뛰어다녔지만 여와의 눈에는 썩 만족스럽지 못했다. 그러다 여와는 황허강의 진흙으로 정성껏 인간을 만들기 시작했다. 진흙으로 만든 인간들은 곧 깡충거리며 뛰어다니다가 까르르 웃기도 하고, 재잘재잘 떠들었다. 그러더니 삼삼오오 짝을 지어 제 살길을 찾아 이곳저곳으로 흩어지는 게 아닌가?

"이런, 제멋대로구나! 그래도 너무 귀여워."

여와는 인간을 더 많이 만들어 세상에 가득 채워야겠다고 마음먹었다. 하지만 진흙으로 인간을 하나하나 만드는 건 너무 힘이 들었다.

"그래, 하나씩 만들지 말고 한꺼번에 많이 만들자."

신들의 전쟁으로 탄생한 세상

사람을 흙으로 만들었다는 신화

복희와 여와의 이야기는 세계 곳곳의 인간 탄생 신화와 유사한 구조를 보인다. 여와가 흙으로 사람을 빚어냈다는 이야기는 그리스·로마 신화의 프로메테우스가 강물에 흙을 반죽해 사람들을 만들었다는 내용과 닮았다. 또한 《성경》의 하느님이 진흙으로 사람을 만들고 코에 생명의 입김을 불어넣었다고 한 내용과도 비슷하다. 《길가메시 서사시》에도 진흙으로 사람을 만들었다는 이야기가 나온다.

흙으로 사람을 만드는 프로메테우스

여와는 나무 덩굴을 진흙에 푹 담갔다가 세차게 휘둘렀다. 덩굴에 묻은 진흙들은 사방으로 튀었고, 곧 사람의 형상이 되어 온 세상에 퍼지게 되었다. 그렇게 온 세상에 인간들이 가득 차자, 여와에게는 또 다른 고민이 생겼다.

"인간들은 얼마 살지 못할 텐데……. 그렇다고 내가 계속 만들 수도 없고. 어쩌지?"

잠시 생각을 한 여와는 여자와 남자를 하나씩 집어 올려 그들의 귀에 속삭였다. 둘이 결혼하여 아이를 낳고 키우는 방법을 말이다. 그러자 여자와 남자가 결혼하여 자손을 퍼뜨리는 게 아닌가?

"정말 똑똑해. 어쩜 이렇게 영리하고 귀여울 수가!"

여와는 제가 만든 인간이 마음에 쏙 들었다. 곧장 하늘로 올라간 여와는 제 오라버니인 복희에게 자랑을 했다.

"제가 세상에 가서 인간을 만들었는데, 그것들이 얼마나 귀엽고 영리한지 모른답니다. 오라버니도 인간들을 보면 한눈에 반할걸요."

"그래? 인간이 그렇단 말이지? 구경이나 해 볼까?"

복희는 세상의 중심에 서 있는 건목이라는 커다란 나무를 타고 내려왔다. 여와의 말대로 인간들은 호기심이 많고 영리하고 아름다웠다. 하지만 그들은 종종 배를 곯았는데, 인간이 가진 육체적인 힘이 짐승들에 비해 너무 약했기 때문이다. 그 때문에 사냥에 성공하는 경우보다 실패할 때가 더 많았다.

복희는 인간들을 물가로 데려가 손으로 물고기 잡는 법을 가르쳐 주었다. 그러자 물속에 터를 잡고 살던 용왕이 복희에게 화를 냈다.

"내 물고기를 인간들이 다 잡아먹게 둘 순 없소."

복희는 심드렁하게 대꾸했다.

"물고기가 그대의 것이라 하니 어쩔 순 없군. 그렇다면 배고픈 나는 물을 마셔 배를 채워야겠네."

복희의 말에 용왕은 주춤거렸다. 복희는 능력이 많은 신이었다. 복희가 마음만 먹는다면 세상의 물이란 물은 다 마셔 버릴지도 모른다.

"그러니까 내 말은 손으로 물고기를 잡지 말라는 뜻이었소."

용왕은 순간적으로 내뱉은 말에 스스로 뿌듯했다. 손이 아니면 뭘로 물고기를 잡겠는가? 발로?"

흐뭇하게 웃는 용왕에게 복희는 잠시 고개를 갸웃거렸다.

"음……. 손으로만 잡지 않으면 된다는 말이지?"

"그렇소이다."

만족스러운 미소를 띠며 물속으로 사라지는 용왕을 보며 복희는 생각에 잠겼다. 그때 강가의 나무에 집을 짓고 있는 거미가 보였다.

"옳거니! 그러면 되겠구나."

복희는 사람들에게 그물을 만들어 물고기 잡는 법을 가르쳐 주었다. 영리한 인간들은 곧 그물질을 배웠고, 손으로 잡을 때보다 훨씬 많은 물고기를 잡을 수 있게 되었다.

용왕의 속이 부글부글 끓든 말든, 복희는 인간들과 어울리며 그들에게 많은 것을 가르쳐 주었다. 인간들은 특히나 저들을 둘러싼 자연 현상을 이해하고 싶어 했다. 그래서 복희는 강에서 솟아나온 용마와 거북의 몸에 새겨진 무늬를 보고 팔괘를 만들어 인간들에게 세상의 이치를 알려 주었다. 팔괘란 하늘과 땅, 우레, 바람, 물, 불, 산, 연못의 자연 현상을 상징했다. 인간들은 여와의 말처럼 정말로 영리하여 팔괘를 이용하여 자연 현상을 기록하고 또 앞일에 대해 점을 치기도 했다. 그런 인간을 보며 복희는 흐뭇한 미소를 지으면서 다시금 건목을 타고 하늘로 올라갔다.

어찌 여와와 복희만 인간들을 보살폈을까? 이 세상에 내려온 신들은 각자 제 나름의 방식대로 인간들을 돌봐 주었는데, 그중에서 염제만큼 너그러운 신은 없었을 것이다. 염제는 인간들에게 농사짓는 법을 가르쳐 주고, 먹어도 되는 풀과 먹어서는 안 되는 풀을 구별해 주었다. 또 사람들이 좀 더 쉽게 농사를 지을 수 있도록 호미도 만들어 주었다. 무엇보다도 염제가 사람들에게 베푼 가장 큰 선물은 불이었다. 사람들은 불을 이용하여 어둠을 몰아내고, 사나운 맹수를 물리치고, 음식을 익혀 먹고, 숲을 태워 밭을 만들었다. 황허강 중류의 남쪽 지역은 어느새 세상의 중심이 되어 가고 있었다. 사람들은 그곳을 중원이라 부르며, 농사가 잘되고 비옥한 중원 땅으로 몰려들었다.

이를 지켜보던 서쪽의 큰 신, 황제는 못마땅했다. 사람들은 마치 염제가 신들의 우두머리인 듯 대하였고, 그러다 보니 세상이 그를 중심으로 돌아가는 듯했다. 무엇보다 염제는 사람들에게 너무 물렀다. 사람들이 제 분수도 모르고, 하늘 끝까지 닿아 있는 건목을 타고 올라와 하늘 세상을 구경하는 건 어찌어찌 참을 수 있었다. 하지만 걸핏하면 신들을 찾아와 이것 해 달라, 저것 해 달라 하는 건 정말 귀찮은 일이었다. 싫다고 내치면 인간들은 뒷말을 했다.

"쳇, 중원의 염제께서는 중원 사람들의 부탁을 다 들어주신다고 하던데……."

"어디 그뿐인가? 염제께서는 아픈 것도 다 낫게 해 주신대!"

"황제께서는 어째서 우리를 돌봐 주시지 않는 거야?"

"그럴 만한 능력이 없는 게 아닌가?"

어찌 신들이 인간을 도와주는 게 당연한 일이란 말인가? 저들을 돕지 않는다 하여 능력이 없다 폄하되는 건 아주 우습고도 가소로운 일이었다. 하지만 기분이 나쁜 건 어찌할 수 없었다.

"건방진 인간들 같으니라고! 하늘의 불을 내주었는데도 감사할 줄 모르고, 농사짓는 법을 배웠는데도 스스로 살아가는 방법을 깨우치지 못하다니!"

황제는 이러한 문제들이 전부 염제가 인간들의 버릇을 망쳐 놓았기 때문이라고 생각했다. 높아야 할 것은 높아야 하고, 낮아야 할 것은 낮아야만 한다. 세상에 이러한 질서가 잡혀 있지 않기에 인간들은 시건방졌고, 세상은 혼란스러워졌다.

황제는 서쪽에 위치한 제 땅을 둘러보았다. 모래가 물처럼 흘러내리고 풀과 나무가 나지 않아 황량했다. 하지만 이 척박한 땅에는 옥돌과 황금, 단단한 광물이 풍부했고 사나운 짐승들도 많았다. 황제는 단단한 돌을 모아 무기를 만들고, 거친 짐승들을 길들였다. 세상은 이제 새롭고 강력한 질서를 필요로 했다. 황제가 누런 용이 그려진 깃발을 높이 세우자 자신을 따르는 신들과 자신의 영역에 사는 수많은 부족들이 모여들었다.

황제는 자신을 따르는 신들과 부족들을 데리고 염제가 있는 황허강의 판천으로 몰려갔다. 전쟁의 시작이었다. 누런 먼지구름을 일으키고 깃발을 휘날리며 쳐들어오는 황제의 군대를 보고 판천 사람들은 깜짝 놀랐다.

염제의 사람들은 날카로운 무기와 사나운 짐승들의 이빨과 발톱을 보고 겁에 질렸다. 판천 사람들은 대부분 화전을 일구고 사는 농사꾼들이었다. 그들이 가진 것이라고는 땅을 파고 풀을 베는 도구가 전부였다.

반면 황제의 군대는 빠른 말을 타고 달리며, 날카로운 무기를 들고 있었다. 심지어 땅에서는 사나운 곰과 표범이 날뛰고, 매와 독수리가 하늘을 덮었다. 사람들은 도망가기 시작했고, 서로의 발에 치이고 엉켜 넘어져 사나운 짐승들에게 물어뜯겼다.

염제는 자신의 부하이자 불을 다스리는 축융에게 황제의 군대를 막아 세우게 했다. 뜨거운 불길과 불꽃이 황제의 군대를 휩쓸었다.

우르릉 콰광!

그러나 황제는 천둥과 번개의 신이었다. 천둥과 번개는 비구름을 몰고 왔고, 비바람은 무섭게 타오르던 불길을 순식간에 꺼 버렸다. 염제는 물로는 끌 수 없는 기름 가득한 불꽃을 일으키려고 하였으나 그의 눈에 다치고 죽는 사람들이 보였다. 사람들의 비명이 판천 곳곳에 메아리쳤다.

'나만 물러서면 애꿎은 사람들이 신들의 전쟁에 휘말려 죽고 다칠 일이 없겠지.'

염제는 제대로 반격조차 하지 않은 채 자신들을 따르는 신들과 사람들을 데리고 남쪽으로 물러났다. 황제는 남쪽으로 내려가는 염제를 구태여 뒤쫓지 않았다.

비옥한 황허강 유역, 중원을 차지한 황제는 하늘의 사방과 땅의 팔방에 누런 깃발을 꽂아 이제 이곳의 주인이 자신임을 모든 신과 사람들에게 알렸다. 황제는 곧 자신의 생각대로 세상을 다스리기 시작했다. 제멋대로 이리저리 혼란스러운 모든 것들에 순서와 위치를 부여하여 질서를 잡았다. 여태 물 흐르듯 살던 사람들도 이제 황제가 정한 순서와 위치에 따라 살아야만 했다.

황제는 세상의 모든 사물에 이름을 지어 주며 그 이름을 아는 사람들만 자신과 대화할 수 있도록 허락했다. 사람들은 황제의 부하인 창힐이 만든 글자를 익히고 배웠다. 또한 땅을 나누고 마을을 만들어 살았다.

"그대들이 다툴 필요가 없지. 각자 자신의 땅에서 난 것은 각자가 가지면 되고, 또 여럿이 함께 마을에 있으니 울타리를 세우면 사나운 짐승을 막기에도 좋지 않은가?"

그럴듯한 말이었다. 하지만 조금 시간이 흐르자 사람들은 서로 으르렁대기 시작했다. 각자의 땅에서 나는 게 달랐기 때문이다. 사람들은 서로 좋은 땅을 차지하려고 다투기 시작했다.

이런 행동에 신들은 별다른 반응을 보이지 않았다. 하지만 황제가 하늘로 통하는 곳곳에 문을 만들고, 문 앞에 문지기를 세우자 인상을 찌푸리기 시작했다. 하늘로 통하는 산과 나무, 깊숙한 동굴과 땅속 무덤에도 문지기들이 서 있었다. 그들은 날카로운 뿔과 칼을 들고, 하늘로 들어오려는 인간과 귀신들을 쫓아냈다. 험악한 문지기 때문에 하늘로 가는 길이 막힌 도깨비들은 화가 머리끝까지 치솟았지만, 감히 황제에게 달려들 수는 없었다.

각자 마음 가는 곳에 터전을 삼고, 사람과 짐승들을 돌보고, 요괴들을 다독이며 살던 신들도 불편하기는 매한가지였다. 하늘의 감미로운 술과 음식, 아름다운 음악이 그리워 하늘에 오를 때마다 문지기의 허락을 받는다는 게 기분 나빴다.

한편 염제에게는 치우라는 용맹한 자손이 있었다. 치우에게는 형제가 여든 명 가까이 있었고, 그들은 모두 구리로 된 머리와 단단한 쇠 이마를 갖고 있었다. 치우는 능력도 많고 성품도 인자한 염제가 순순히 황제에게 중원을 내준 게 이해되지 않았다.

"염제님, 어째서 당신의 힘과 능력으로 황제를 벌하지 않으시는 겁니까?"

염제는 힘없이 대꾸했다.

"이미 싸워 내가 지지 않았는가? 그것으로 충분하네."

"이대로 물러설 순 없습니다. 황제가 질서를 잡는다고 세상을 옭아매고, 하늘 문을 닫아거는 걸 보고만 계실 겁니까?"

"치우, 황제가 지나치게 세상을 구별 짓고, 위아래를 나누는 건 나 역시 탐탁지 않아. 하지만 그렇다고 해서 사람들을 또다시 전쟁에 휩쓸리게 하고 싶진 않네."

치우는 염제가 나서지 않는다면 자신이 대신 황제와 싸워야겠다고 결심했다. 치우는 형제들과 함께 대장간을 만들었다. 치우의 대장간에서는 구리와 주석을 녹여 만든 갑옷과 방패, 칼과 화살이 쏟아져 나왔다. 비록 염제는 싸움에 나서지 않았지만, 그의 밑에 있던 축융은 치우와 함께 싸우겠다고 했다. 축융은 지난번 판천에서 황제에게 패한 게 여간 분하지 않았다. 귀에 뱀을 걸고 다니는 거인 과보와 도깨비들도 치우의 편에 섰다. 자신들을 비루한 존재로 취급하며 하늘에 오르지 못하게 하는 황제에게 앙심이 깊었던 탓이다. 인간들 중에는 남방의 먀오족도 치우와 함께했다.

철 갑옷과 구리 투구로 무장한 치우의 군대는 시위를 떠난 화살처럼 빠르게 판천을 향해 나아갔다. 남쪽에서 치우가 올라온다는 소식을 들은 황제는 판천의 조금 위쪽인 탁록의 들판에 진을 쳤다. 치우는 염제와 달리 강건한 성격을 가졌다. 결코 만만치 않은 상대였지만, 황제의 눈에는 치우가 야만스럽기만 했다.

황제는 동서남북 사방을 볼 수 있는 얼굴 네 개를 가졌고, 천둥 번개를 자유롭게 다루며, 무엇보다 그를 따르는 신들이 헤아릴 수 없이 많았다. 또한 서쪽 곤륜산에서 죽음과 생명을 관장하는 서왕모에게 불사의 몸을 허락받은 자였다.

"치기 어린 녀석, 감히 내게 도전을 하다니! 네놈을 잡아 만방에 내 권위를 더 높이리라!"

황제는 탁록의 들판에 사는 유망을 치우와 맞서 싸우게 했다.

탁록의 넓은 들판에서 기세가 등등한 치우의 군대와 끝이 보이지 않을 만큼 많은 황제의 군대가 서로 대치했다. 두 군대 사이의 긴장으로 공기가 팽팽하게 달아올랐다.

서왕모가 사는 곤륜산

곤륜산에서 열린 서왕모의 생일잔치를 그린 〈요지연도〉

중국 신화나 전설에는 여러 낙원이 등장하는데 서왕모가 거주하는 곤륜산도 그 중 하나이다. 서왕모는 신선들을 다스리는 신으로, 중국인들이 사후에 가고자 소망했던 신선의 세계에 살았다고 한다. 중국인들은 곤륜산이 황허강의 본줄기라고 생각했으며, 마시면 죽지 않는 불사의 물이 흐르고 옥이 난다고 생각했다.

"공격!"

먼저 치우의 진에서 불화살이 날아들었다.

"방패로 엄호!"

황제의 군대는 일사불란하게 나무 방패로 자신들의 머리를 보호했다. 곧이어 땅을 뒤흔드는 요란한 함성과 함께 양쪽의 군대가 맞붙었다. 찌르고 베고, 정신없이 걷어차며 들판은 순식간에 피비린내 나는 아수라장으로 변하였다. 불화살에 젖은 나무 방패가 타면서 매캐한 연기가 피어올랐다. 연기는 치우의 강력한 무기였다. 치우는 연기를 매개로 하여 자욱한 연기를 더 많이 불러일으켰다. 유망의 군대가 밀리자, 이를 지켜보던 황제가 직접 동서남북에서 군대를 끌고 달려왔다.

치우와 그의 형제들은 물밀듯이 밀려오는 황제의 군대에 잠시 기가 질렸으나 도리어 더 크게 소리 지르며 용감하게 앞으로 나섰다. 그러자 황제의 사나운 짐승들은 그들의 기세에 꼬리를 말며 달아났고, 무엇보다 짙은 안개로 적과 아군을 구별하기 힘들어 황제의 군대는 서로를 공격하기 시작했다. 황제는 당황하며 외쳤다.

"후퇴하라. 후퇴하라. 퇴각!"

　황제의 군대가 후퇴를 명하는 뿔 나팔 소리와 함께 모습을 감추자 치우의 군대는 승리의 함성으로 탁록을 뒤덮었다.

"어찌하여 이런 일이!"

　황제는 제 처소로 돌아와 이를 부드득부드득 갈았다. 황제는 자신을 따르는 신수인 뇌신을 불러들였다. 뇌신은 용의 몸에 사람의 머리를 가진 짐승으로 자신의 단단한 배를 두들겨 천둥소리를 만들어 내는데, 특이하게도 상대편만 천둥의 굉음을 듣게 하는 재주가 있었다.

"너의 그 천둥소리로 치우 군대의 고막을 다 터뜨려 버려라."

　황제의 명을 받은 뇌신은 곧장 탁록으로 날아가 제 뱃가죽을 두들겼다.

"으아아악!"

　귀청을 찢는 엄청난 소리에 치우 군대의 병사들은 귀를 부여잡고 쓰러졌다.

　치우는 급하게 도깨비들을 불렀다.

"땅과 바다와 들과 산에 사는 친구들이여, 도움이 급하니 어서 빨리 오시어 나를 도와주오!"

땅에서 불쑥, 덤불 속에서 불쑥, 여기저기에서 도깨비들이 튀어나왔다. 도깨비들은 애초에 심장이 없어 핏줄을 타고 흐르는 천둥소리에 아무런 영향을 받지 않았다. 게다가 평소에도 방망이를 두드리고, 방울을 흔들며 사방을 엉망진창으로 만들기 좋아하는 족속이었다. 도깨비들이 주변을 돌며 난장판을 벌이니 뇌신은 정신이 하나도 없었다. 이쪽저쪽에서 팔다리를 잡아당기고 꼬리를 흔드니 뇌신은 혼이 빠질 지경이었다.

"으으윽, 이 지긋지긋한 도깨비들!"

뇌신은 머리를 흔들며 꽁지가 빠지도록 도망을 쳤다.

"전쟁터에서 도망을 가다니, 비겁한 녀석! 그러고도 네가 신수라 할 수 있단 말이냐!"

황제는 뇌신에게 호통을 쳤지만 뇌신은 들은 척도 하지 않았다.

치우는 승리의 여세를 몰아 황제의 군대를 자욱한 안개로 감쌌다. 한 치 앞도 보이지 않는 안개 속에서 치우의 군대는 치고 빠지는 전투를 이어 나갔다. 대군을 상대로 소수인 치우의 군대가 할 수 있는 최고의 전략이었다. 황제는 발을 동동 굴렀으나 짙은 안개 때문에 제대로 반격을 할 수 없었다. 이대로 가다가는 전멸이었다.

"일단 후퇴하셔야 합니다."

"누가 그걸 모르나! 이 짙은 안개를 어떻게 뚫고 나간다는 말인가?"

황제가 소리를 버럭 지르자 그의 신하인 풍후가 앞으로 나왔다.

"저희가 지남거라는 새로운 수레를 하나 만들어 보았습니다."

풍후가 만든 수레에는 나무로 된 작은 사람이 서 있었는데, 이 나무 조각은 팔을 동서남북 어디로 돌려놓아도 남쪽을 가리켰다. 황제는 뛸 듯이 기뻐했다. 곧장 황제의 군대는 지남거가 가리키는 방향을 기준 삼아 안개를 벗어났다.

이후 전투를 다섯 번이나 치렀지만 모두 황제의 패배였다. 하지만 황제는 한 번에 치우의 군대를 몰아낼 준비를 하고 있었다. 그는 날개 달린 용, 응룡에게 명해 세상의 모든 물을 한곳으로 모았다. 그리고 적절한 순간 한꺼번에 물을 쏟아부어 치우의 군대를 쓸어 버릴 작정이었다.

하지만 치우에게는 물을 관장하는 풍백과 우사라는 뛰어난 신하가 있었다. 풍백과 우사는 황제가 물을 끌어모으고 있다는 걸 알아채고는 치우에게 말했다.

"우리가 황제보다 먼저 물로 공격합시다."

하지만 물은 적군과 아군을 구별하지 않는다. 하늘에서 물이 쏟아져 나오면 주변의 모든 땅은 물에 잠길 것이고, 사람들은 물길에 휩쓸려 내려갈 것이다.

"우리가 하지 않는다면 황제가 할 겁니다. 황제는 인정사정을 두지 않을 겁니다."

사람들이 물난리를 겪게 된다는 게 너무나도 가슴 아팠지만 어쩔 수 없는 일이었다.

"공격하라!"

치우의 허락이 떨어지자 풍백과 우사는 하늘에 모인 물주머니를 터뜨렸다.

쏴아아! 하늘에서 비가 장대같이, 아니 양동이로 퍼붓듯 쏟아져 내렸다. 황제가 한 방에 터뜨리려고 모아 놓았던 어마어마한 물이 땅으로 떨어졌다. 황제의 군대가 물 폭탄을 고스란히 맞았지만, 치우의 군대 역시 홍수 피해를 벗어날 순 없었다. 하지만 미리 물난리에 대해 대비를 한 치우의 군대는 그나마 피해를 최소한으로 줄일 수 있었다.

"천둥 번개의 신인 내가 물 폭탄을 맞다니! 내가 준비한 물 폭탄이건만!"

황제는 제 성질을 이기지 못하고 온몸을 파르르 떨었지만, 냉정을 잃진 않았다.

"내 딸, 발을! 가뭄의 여신인 발을 불러라!"

황제의 딸인 발은 매우 맑고 아름다운 여신이었으나, 몸 안에 뜨거운 불덩이가 있었다. 발이 지나는 곳은 물이 자취를 감추고 땅과 공기가 바짝 메말랐다. 또한 발이 돌아다니는 곳마다 가뭄이 들었기에 발은 웬만해서는 제 처소를 벗어나지 않았다. 하지만 아버지 황제의 부름에 냉큼 탁록으로 달려왔다. 탁록은 언제 홍수가 났나 싶을 만큼 끔찍한 가뭄에 시달리기 시작했다. 황제 군대와 치우 군대 가릴 것 없이 땅이 갈라지고 물이 부족해졌다. 누가 이 가뭄을 더 오래 견디느냐에 따라 싸움의 승패가 갈리게 될 것이었다.

이렇듯 지루한 버티기 싸움을 못마땅하게 지켜보던 여신이 있었다. 바로 서왕모였다. 서왕모는 전령인 파랑새를 황제에게 보냈다.

"기우를 잡아 북을 만드시오."

유파산에 사는 기우는 다리가 하나밖에 없는 푸른 소로, 그 소의 가죽으로 북을 만들면 도깨비나 잡신들이 맥을 못 춘다고 했다. 황제는 응룡을 유파산으로 보내 기우를 잡아 왔다. 기우의 뱃가죽으로 커다란 북을 만든 황제는 잠시 생각에 잠겼다.

'북을 치려면 북채가 있어야 할 텐데……'

황제는 빙긋 웃었다. 지난 전투에서 꽁지가 빠지게 달아난 뇌신이 머릿속에 떠올랐다.

"뇌신을 잡아 와 그 뼈로 북채를 만들어라."

전쟁터에서 비겁하게 도망친 배신자에게 주어진 황제의 처벌이었다.

한편 치우는 계속해서 이어지는 가뭄에 속이 타들어 갔다. 사람들은 길게 이어지는 신들의 싸움을 원망했다. 제발 어느 쪽이 이기든 전쟁이 끝나기만을 바랐다. 그래야 가뭄도 물러갈 것이 아닌가.

'홍수에 이어 가뭄이라니! 이래서 염제님이 싸우지 않았던 것인가?'

치우는 한밤중에 몰래 황제를 찾아갔다.

"황제여, 어째서 발을 물리지 않는가? 나의 군대뿐 아니라 그대의 군대도 고통 속에서 허덕이지 않는가?"

"지독한 가뭄이 어찌 나의 탓인가? 그대가 나의 질서와 권위에 도전하지 않았다면 일어나지도 않았을 일이네."

"좋소이다. 즉시 군대를 물리겠소. 가뭄을 멈추고 그대의 뜻대로 세상의 질서를 잡아 주시오."

돌아서는 치우를 황제가 불러 세웠다.

"치우, 전쟁의 끝은 보아야 하지 않겠는가?"

"무슨 소리인가?"

"그대는 감히 나의 권위에 도전하였소. 앞으로 그 어떠한 신이라 할지라도 나에게 덤벼들지 못하도록 그대가 본보기가 되어 주어야겠소."

"알겠소. 내…… 목을 내놓으리다. 그러니 당신이 말하는 질서대로 세상을 평안하게 만들겠다고 약속하시오."

"나의 법과 질서를 어지럽히지만 않는다면 세상은 저절로 평안할 것이오."

다음 날, 치우와 황제의 마지막 전투가 있었다. 전투는 이때까지의 상황과 완전히 달랐다.

황제의 군대는 치우의 군대를 압도적인 수로 빙 둘러쌌다. 황제가 북을 두드리자 포위되어 있던 치우 군대의 병사들이 머리와 귀를 잡고 쓰러졌다. 전쟁을 멈추고 고향으로 돌아갈 것을 전날 미리 결의한 치우의 군대였다. 하지만 황제는 곱게 치우 군대를 돌려보낼 생각이 없었다. 치우는 결사적으로 병사들이 빠져나갈 수 있는 길을 트기 시작했다.

곱게 목을 내줄 것 같았던 치우가 마지막까지 칼을 휘두르는 모습에 황제는 쓴웃음을 지었다.

"승자의 관용을 베풀 기회조차 앗아 가는 놈이구나!"

치우는 자신의 형제와 친구들이 모두 무사히 빠져나가는 걸 보면서 목숨을 잃었다.

달아나는 치우의 군대에는 형천이라는 신이 있었다. 형천은 치우의 절친한 친구였는데, 한참 뒤에야 치우의 모습이 보이지 않는다는 걸 알았다. 형천은 치우의 뛰어난 무예를 누구보다 잘 알았기에 치우가 죽었다는 사실을 쉽게 받아들이지 못했다.

"그럴 리가…… 그럴 수는 없소. 그 누가 치우를 죽일 수 있단 말이오!"

말을 내뱉고 나서야 형천은 치우가 자신의 병사들을 위해 스스로 죽음을 선택했다는 것을 깨달았다.

형천은 곧장 몸을 돌려 홀로 황제의 진으로 달려갔다. 엄청난 기세로 달려드는 형천의 모습에 황제 군대의 병사들은 놀라서 길을 터 주었다. 황제는 천하 명검인 헌원검을 휘두르며 달려드는 형천의 목을 베어 버렸다. 목은 잘리어 바닥으로 떨어졌지만, 형천의 젖꼭지는 두 눈이 되고, 배꼽은 입이 되어 소리쳤다.

"황제여, 치우는 절대 죽지 않을 것이오! 나 또한 그대에게 결코 굴복하지 않았소!"

오른손에는 도끼, 왼손에는 방패를 쥔 얼굴 없는 몸뚱이는 오랫동안 춤을 추며 황제 주변을 맴돌았다.

《산해경》

《산해경》은 동아시아 지역에서 가장 오래전에 성립된 중국의 대표적인 신화집이다. 《산해경》에는 그리스·로마 신화에서처럼 다양한 능력을 가진 신들이 등장한다. 그중 대표적인 신이 황제이다. 황제와 치우의 싸움 중 풍백과 우사를 불러서 전쟁을 하는 장면은 단군 신화와 비슷한 면을 보인다. 《산해경》은 중국 신화와만 연관이 있는 것이 아니라 중국 인근의 여러 민족의 고대 문화와도 깊은 관련이 있다고 말하는데, 이것이 그중 한 예이다.

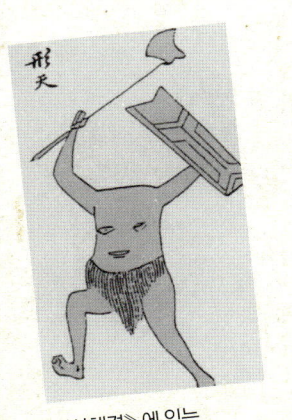

《산해경》에 있는 형천의 모습을 그린 그림

지긋지긋한 전쟁이 끝났다. 이제 더 이상 황제에게 도전하는 신은 없었다. 사람들은 황제가 만든 질서에 따른 신분과 계급을 받아들이고 숨죽이며 살았다.

"정치란 힘과 은혜를 보이는 일입니다."

"그래서?"

"신분과 계급을 받아들이며 질서를 잘 따르는 자들에게 은혜를 보여 주소서."

신하의 말에 황제는 시큰둥하게 말했다.

"누조 여신을 불러 비단을 짜게 하고 그것을 상으로 주어라."

비단의 곱고 부드러운 아름다움은 곧 사람들의 마음을 휘어잡았다. 황제의 명에 따라 무거운 바위를 옮기고 굵은 나무를 굴려 성을 쌓는 일은 어렵고 힘들었지만, 명령에 잘 따르기만 하면 귀한 비단을 얻을 수 있었다. 사람들은 곧 황제의 질서, 즉 신분과 계급을 운명처럼 받아들이게 되었다.

황제는 자신이 뜻한 바대로 세상에 질서를 잡았지만 전혀 기쁘지 않았다. 모든 일이 시들하기만 했다. 사실 황제는 치우와의 전쟁으로 몹시 지쳐 있었다. 그는 이제 하늘로 돌아가 모든 것을 다 내려놓고 쉬고 싶었다. 하지만 애써 만든 세상의 질서가 어지럽혀지는 건 바라지 않았다. 황제는 잠시 고민하다가 북쪽의 신 전욱에게 자리를 맡기고 하늘로 올라갔다.

황제의 뒤를 이어 세상을 맡게 된 전욱은 하늘과 땅의 연결 고리를 아예 끊어 버리고자 했다. 사실 전욱이 처음 다스릴 때 세상은 평화로웠다. 신과 요괴, 사람들도 모두 제자리를 지키며 편안하게 잘 살았다. 그래서 전욱이 용 네 마리가 끄는 마차를 타고 세상을 둘러보면 모든 신과 사람이 마중 나와 그에게 절을 하고, 신령스러운 동물들도 그에게 예의를 표했다.

하지만 전욱은 하늘과 맞닿아 있는 산과 나무들 때문에 언제든 혼란스럽고 성가신 일이 생길 수 있다고 생각했다. 사실 힘들고 어려운 일이긴 하나 높은 산과 나무만 있다면 누구든 하늘에 오를 수 있었다. 하늘에서도 신들이 나무와 산을 사다리 삼아 땅으로 자주 내려왔다. 전욱은 그중 누군가가 그의 권위에 도전할지도 모를 일이라고 생각했다.

그래서 전욱은 부하들을 시켜 하늘은 더욱 높이 올리고, 땅은 더욱 단단히 다지며 아래로 내리눌렀다. 세상 곳곳에서 우지끈 소리가 나며 하늘과 땅이 떨어져 나갔다. 가벼운 것은 더욱 가벼워져 하늘로 멀리멀리 날아가고, 무거운 것은 더욱 무거워져 바닥으로 떨어졌다. 한번 멀어진 하늘과 땅은 계속해서 멀어져 갔다. 이제 하늘에서 소리쳐도 땅에 들리지 않았고, 땅에서 아무리 울부짖어도 하늘은 응답하지 않았다. 내친김에 전욱은 밤하늘에 빛나는 별들도 모조리 불러 모아 북쪽 하늘에 묶어 두었다.

전욱의 어처구니없는 횡포에 가장 화를 낸 건 물의 신 공공이었다. 하늘로 가는 길이 끊어진 때에도 어이가 없었는데, 공공이 살고 있는 지역이 밤마다 칠흑 같은 어둠에 휩싸인 것이다.

공공은 화를 주체하지 못하고 전욱에게 달려갔다.

"어찌 당신 독단으로 하늘로 가는 길을 끊고, 밤하늘의 별들을 모조리 가져갈 수 있단 말이오!"

"지금 공공 그대가 감히 세상을 다스리는 나의 권위에 도전을 한단 말인가?"

"당신이 황제라도 되는가 싶소? 그깟 권위에 도전 못할 이유가 없지!"

"뭐라?"

전욱과 공공은 곧장 긴 창을 꺼내었다. 두 신은 온 세상을 떠들썩하게 하면서 요란하게 맞붙었다. 두 신의 대결은 처음에는 팽팽했지만, 시간이 갈수록 공공이 밀리기 시작했다. 공공은 조금씩 뒤로 밀려 서북쪽에 있는 부주산까지 밀려났다. 공공은 자기 힘으로는 전욱을 이길 수 없다는 걸 깨달았다. 분한 마음을 이길 수 없는 찰나, 문득 부주산이 하늘을 끊어 놓은 뒤 하늘이 무너지지 않도록 새롭게 세운 동서남북의 네 기둥 중 하나인 것이 떠올랐다.

'그래, 차라리 하늘 기둥을 부서뜨리자. 그러면 하늘과 땅이 다시 달라붙겠지.'

공공은 전욱의 날카로운 창을 잽싸게 피한 뒤 부주산 뒤로 숨었다.

"하하하. 공공, 도망가는 게냐?"

하지만 전욱의 웃음은 오래가지 못하였다. 곧이어 우지끈하는 요란한 소리가 들리더니 부주산이 무너졌기 때문이다. 공공이 온 힘을 다해 부주

산을 들이받은 것이다.

　서북쪽에 있는 부주산이 사라지자 하늘이 기울어지면서 북쪽에 묶여 있던 해와 달, 별들이 서쪽으로 와르르 쏟아졌다. 그러자 동남쪽 땅이 중심을 잃고 아래로 꺼지면서 깊은 골짜기가 생겼다. 이 때문에 하늘의 해와 달, 별들이 날마다 동쪽에서 서쪽으로 움직이게 되었다. 하늘이 무너진 자리에는 커다란 구멍이 생겼고, 그 구멍을 통해 뜨거운 열기가 뿜어져 나와 땅과 숲을 태웠다. 그러자 땅과 숲에 숨어 살던 괴물들이 그 뜨거움을 견디지 못하고 뛰어나왔는데, 힘없는 인간들은 오죽할까?

　"이런, 내가 만든 인간들이 모두 죽겠구나."

　하늘에 있던 여와는 급히 세상으로 내려와 강가에서 커다란 오색 돌을

가져왔다. 여와는 오색 돌을 불로 녹이기 시작했다. 단단한 오색 돌이 흐물흐물 물처럼 변하자 여와는 그것으로 하늘에 뚫린 구멍을 막았다. 여와는 쉴 틈도 없이 깊은 바다로 들어가 신령스러운 거북의 네 다리를 잘라 왔다. 그러고는 두 번 다시 하늘이 무너지지 않도록 거북의 다리로 기둥을 만들어 하늘을 떠받쳤다.

　하늘의 구멍을 메우고 거북의 다리로 기둥을 세우는 일은 여와에게도 매우 벅찬 일이었다. 여와는 지쳐 쓰러졌지만, 얼굴에는 미소가 가득했다.

　'이제 두 번 다시 하늘이 무너지는 일은 없을 거야.'

　신들의 싸움 때문에 세상은 또다시 한바탕 난리를 겪었다. 하지만 그 덕분에 땅의 생명들은 어디에서나 밤하늘의 별을 볼 수 있게 되었고, 해

와 달이 동에서 서쪽으로 움직이니 모든 곳이 골고루 빛을 받게 되었다.

전욱의 뒤를 이어 세상을 다스리게 된 신은 제곡이었다. 제곡은 명석한 판단력을 가졌고 독단적이지 않아 다른 신과 사람들의 의견에 귀를 기울였다. 그가 너그러운 마음으로 세상을 다스리자 땅은 풍족해졌다. 사람들은 점차 어느 한곳에 모여 필요한 물건을 서로 교환하기 시작했다. 제게 남는 것은 다른 이에게 주고, 부족한 건 다른 이에게 받았다. 이처럼 물건을 주고받는 시장이 생기자 사람들의 생활은 이전보다 훨씬 더 풍요로워졌다.

하지만 이처럼 평안한 세상은 어린 신들에게는 지루했다. 특히나 태어난 지 얼마 되지 않은 어떤 신들은 세상이 따분하고 심심하기만 했다. 그들은 아버지 제곡과 어머니 하희에게 태어난 열 쌍둥이 아들로, 뜨거운 태양이었다. 어머니 하희는 아들 열 명을 동쪽 바다 머나먼 곳에 솟아 있는 부상수라는 커다란 나무에 매달아 두었다.

"자, 오늘은 첫째가 세상에 나가 보렴."

하희는 아들 열 명을 날마다 한 명씩, 용 여섯 마리가 끄는 마차에 태워 세상에 내보내 주었다. 동쪽에서 서쪽으로 세상을 한 바퀴 돌고 오면, 하희는 바닷물로 아들을 깨끗하게 씻겨 다시 부상수에 매달았다. 하루에 한 명씩 세상에 나가는 것이 하희와 아이들의 규칙이었고, 그게 세상의 질서였다.

그런데 어느 날, 태양 열 개가 제 차례를 기다리지 못하고, 한꺼번에 세상에 나서게 되었다. 날마다 차례를 기다린다는 게 싫었던 것이다. 어머니 하희 몰래 저희들끼리 몰려 나간 세상은 정말로 즐거웠다.

"우후! 신난다."

"한꺼번에 같이 나와 노니 정말 재밌어."

하지만 태양 열 개에서 나오는 열 때문에 땅이 불타기 시작했다. 나무들이 불에 타 쓰러지고 사람들과 동물들은 숨이 막혀 쓰러졌다. 세상이 온통 불꽃과 검은 재로 뒤덮이기 시작했다.

제곡은 아들들의 철없는 장난에 머리끝까지 화가 났다. 제곡은 자신의 부하인 예를 불러 말했다.

"예, 자네가 땅에 내려가 저 철딱서니 없는 녀석들을 혼내 주오."

예는 자신의 아내인 항아와 함께 땅으로 내려왔다. 예는 활을 꺼내 하늘에서 짓궂게 장난치고 있는 태양 열 개를 향해 화살을 날렸다. 백발백중, 그가 쏘는 화살은 절대 목표를 빗나가지 않았다. 예의 화살을 맞은 태양들은 검은 까마귀로 변하여 하나둘 떨어져 죽었다.

"아아악! 안 돼, 그만 멈춰!"

자신의 아들들이 땅에 떨어져 죽는 걸 본 하희가 비명을 질렀다. 예는 하희의 비명을 듣고 활쏘기를 멈추었지만, 태양 아홉 개는 이미 사라지고 난 뒤였다.

사람들은 하늘에서 천신이 내려와 자신들을 구해 주었다며 기뻐했지만, 아들 아홉 명을 잃은 제곡과 하희는 망연자실했다.

'혼내 주라고 했지, 누가 내 아들들을 죽이라고 했나!'

제곡은 예에게 소리치고 싶었지만, 아무런 말도 하지 않았다. 그렇다고 해서 땅에 내려간 예와 항아를 다시 하늘로 부르지도 않았다. 예전처럼 하늘로 통하는 높은 산이나 나무가 있다면 예는 얼마든지 하늘로 돌아갈 수 있었을 것이다. 하지만 이제 세상에는 하늘까지 이어진 나무가 없었다. 예는 서왕모를 찾아가 하늘로 돌아가는 방법을 물었다.

"불사약을 두 개 줄 테니 그것을 먹게나. 하나를 먹는다면 죽지 않는 불사의 몸이 되지만, 두 개를 다 먹는다면 몸이 가벼워져 하늘로 올라갈 수 있네."

하지만 예에게는 함께 땅으로 내려온 아름다운 아내 항아가 있었다. 서왕모는 세상에 아무런 공덕이 없는 항아에게까지 줄 약은 없다고 했다.

예는 불사의 몸으로 아내와 땅에서 영원히 살고자 하였다. 하지만 아내 항아의 생각은 달랐다.

'예는 제곡과 하희의 아들을 죽였다지만, 나는 무슨 죄가 있어 땅에 산단 말인가? 남편을 따라 땅에 온 것뿐인데.'

항아는 남편 몰래 불사약을 혼자 두 개 다 먹었다. 약을 먹자마자 항아의 몸은 가벼워져 하늘로 두둥실 떠올랐다. 항아는 하늘에 올라 달의 여신이 되었지만, 땅에 홀로 남게 된 예는 결국 죽고 말았다.

하늘로 가는 길이 사라진 이후, 하늘의 신들은 좀처럼 땅으로 내려오려

하지 않았다. 예처럼 땅에서 하늘로 올라갈 방법이 없었기 때문이다. 하지만 아주 가끔 하늘에서 땅으로 내려오는 신들이 있었다. 곤이라는 신이 그랬다. 곤은 여와가 만든 인간을 몹시 사랑했다. 인간들은 신처럼 오래 살지도 못하고, 신과 같은 능력도 없지만 그들 못지않게 당당하게 살아가는 존재였다. 하지만 그처럼 매력적인 인간들이 매번 황허강이 범람하면 고통을 받고 있었다. 황허강이 가끔씩 엄청난 물을 쏟아 내면 인간들이 애써 일군 터전도 한순간에 쓸려 갈 뿐만 아니라 목숨까지도 잃는 경우가 많았다.

'내가 저들을 도와줘야겠어.'

곤은 하늘에서 식양이라는 보물을 훔쳐 땅으로 내려왔다. 식양은 스스로 계속해서 불어나는 흙덩이였다. 곤이 식양을 황허강에 던져 넣자 식양은 점점 덩치를 키우더니 산이 되고 둑이 되었다.

"이제 황허강의 범람으로 인간들이 골머리를 앓지 않아도 될 테지."

하지만 하늘의 신들은 하늘의 보물을 훔쳐가 버린 곤을 가만히 내버려 두지 않았다. 신들은 곤을 죽여 우산에 버리고, 식양은 도로 빼앗아 버렸다. 다시 황허강은 범람하기 시작했고 인간들은 슬퍼하며 울었다. 그런데 곤이 죽은 지 3년이 되어도 그의 몸은 썩지 않았다.

'혹시나 곤이 요괴가 되어 복수하겠다고 날뛰려는 게 아닐까?'

신들은 우산으로 가 그의 시신을 칼로 베어 없애려 하였다. 곤의 몸에 칼이 닿은 순간, 그의 배가 갈라지면서 커다란 용이 튀어나왔다. 용은 곤의 아들인 우였다.

　우는 아버지 곤의 뒤를 이어 황허강의 범람을 막고자 사방팔방으로 노력했다. 그러자 물의 신 하백이 우의 의지에 감동하여 물길의 지도인 하도를 그려 주었다.

　우는 하도를 보고 깨달았다. 강의 범람을 막으려면 둑을 쌓을 게 아니라 물줄기를 여러 갈래로 흩어지게 하여 물의 기세를 약하게 만들어야 한다는 것을 말이다.

　우는 곧장 곰으로 변하여 땅을 파고 산을 갈라 새로운 물길을 만들었다. 그러자 엄청난 기세로 흐르던 황허강이 구불구불 물길을 따라 얌전히 흐르는 게 아닌가. 우는 이렇게 해서 황허강의 범람을 막았다.

　시간이 흐르고 흘러, 사람들은 하늘과 땅이 원래부터 그렇게 멀리 떨어져 있고, 황허강은 애초부터 구불구불 흐른다고 여겼다. 더 이상 하늘에 오르고자 하는 이도 없고, 살랑살랑 부는 봄바람이 신들의 입김이라고 느끼지도 않았다. 하지만 세상이 어떻게 만들어졌고, 사람들은 어디서 왔으며, 왜 하늘의 해가 동쪽에서 떠 서쪽으로 지는지 잊지 않는 사람들도 있었다. 그들은 지금도 여전히 자신들 주변을 맴도는 신들의 기척을 느끼며 사람들에게 이야기한다.

　"옛날 옛날, 아주 먼 옛날에는……."

4장
카일라스산의 소란스러운 가족

재미있게 읽기 위한 안내문
인도 문명 신화

> **❝ 신화는 혼돈의 시대에 우리의 발걸음을 밝혀 주는 별이다. ❞**

인도 문명은 인도 북부의 히말라야산맥에서 시작되는 인더스강에서 농경 문화가 발달하며 시작되었다. 인도는 바다를 통해 메소포타미아와 활발히 교류하기도 했는데 그러면서 국제도시의 면모를 보였다. 하지만 이 활력 넘치는 도시들은 서쪽으로부터 들어온 아리아인에 의해 점령당했다. 아리아인은 갠지스강 유역까지 정복하여 크고 작은 도시 국가를 세우고 자신들의 종교적·철학적 경전인 베다를 전파했다. 베다는 힌두교와 불교의 뿌리가 되었다. 인도 신화는 크게 베다 신화와 힌두교 신화로 나뉘는데, 본문 이야기는 힌두교 신화를 중심으로 하고 있다.

이야기 속에 나오는 인물 소개

- **파르바티:** 히마바트의 딸이며, 시바의 두 번째 부인이다.
- **시바:** 힌두교의 주요 3대 신 중 한 명이다. 원래 시바는 부와 행복을 의미하는 신이었으나 파괴의 신이 되었다.
- **히마바트:** 히말라야산맥에 거주하는 산신이다.
- **데바:** 낮은 등급의 신들을 일컫는다.
- **브라흐마:** 힌두교 신화에 나오는 창조의 신이다. 비슈누, 시바와 함께 힌두교의 주요 3대 신을 이룬다.
- **아수라:** 신에 대적하는 악한 무리이다.
- **사티:** 닥샤의 딸이자 브라흐마의 손녀로, 시바의 첫 번째 부인이었다.
- **비슈누:** 힌두교의 주요 3대 신 중 한 명으로 사티의 시신을 온 세상에 뿌린 신이다.
- **강가:** 힌두교 신화에서 하천의 여신을 이르며, 갠지스강을 신격화한 것이기도 하다.
- **가네샤:** 파르바티가 만든 아들로, 시바가 코끼리의 머리를 붙여 주었다.
- **아그니:** 불의 신이다.
- **카르티케야:** 시바와 파르바티의 아들이다.
- **인드라:** 데바의 왕이자 천둥 번개의 신이다.

"파르바티님, 축하드려요. 드디어 혼인을 하시는군요."

시녀들이 우르르 몰려와 축하하기 시작했다. 아침부터 정신없이 쏟아지는 뜬금없는 축하에 파르바티는 눈을 치켜떴다.

"누가? 내가? 시집을 가?"

"네!"

파르바티의 인상이 점점 구겨지는 것도 모르고, 시녀들은 그저 신이 난 얼굴이었다. 파르바티는 와락 성질을 부리려다 시녀들이 뭔 죄인가 싶었다. 일 년 열두 달 늘 눈에 덮여 있는 히말라야산맥, 그곳의 주인이자 파르바티의 아버지인 히마바트에게 따져 물어야 했다.

'어떻게 내게 말 한마디 없이 그런 결정을 내릴 수 있는 거지?'

파르바티는 서둘러 히말라야의 산신 히마바트의 궁전으로 날아갔다. 궁전에는 파르바티보다 먼저 온 손님들이 있었다. 세상의 모든 데바들이 모인 듯했다. 파르바티는 재빨리 몸을 숨겼다. 아무래도 자신의 결혼 문제로 온 듯한데, 그게 이렇게 데바들을 모이게 할 일인가 의아했기 때문이다. 아직 결혼할 생각이 없었기에 파르바티는 신랑이 될 사람이 누구인지 물어보지 않았다. 데바들을 바라보는 아버지의 표정도 그다지 밝아 보이지 않았다.

"그게…… 뭐, 일단은 좋은 일이긴 한데, 내 딸의 의견도 들어 보고 싶군."

역시! 아버지는 파르바티의 기대를 저버리지 않았다. 파르바티의 마음에 아버지에 대한 존경과 사랑이 물 차오르듯 차올랐다.

"자네들도 알다시피 우리 파르바티가 보통 성질인가? 화가 나면 아무도 접근할 수 없는 두르가로 변하지 않는가?"

이럴 수가! 아버지가 어떻게 이렇게 많은 데바들 앞에서 제 딸을 험담할 수 있단 말인가? 존경과 사랑이 순식간에 증발했다.

"그 정도 담력은 있어야 시바님의 배우자이지요."

'뭐? 시바…… 시바님?'

심장이 덜컥 내려앉는 것과 동시에 파르바티의 얼굴에 홍조가 물들었다.

시바가 누구인가? 인도의 수많은 신들 중 가장 무섭지만 가장 강력하고 절대적인 힘을 가진 신이다. 물론 외모도 훌륭하고 성격도…… 아내에게만은 다정한 게 틀림없다. 그의 부인인 사티가 죽은 뒤 시바는 카일라스산에서 이제껏 혼자 살고 있었다. 늘 멀리서 그를 힐끔힐끔 훔쳐봐 온 파르바티는 누구보다 시바에 대한 애정이 더 컸다.

'시바님과의 혼담인데 아버지께서는 왜 냉큼 허락을 안 하시는 거야?'

마음이 급해진 파르바티가 황급히 제 몸을 드러냈다.

"파르바티, 여러 훌륭하신 데바들께 인사드립니다."

다소곳하고 최대한 아름답게 미소를 짓는 파르바티를 보고 아버지 히마바트는 어이가 없다는 듯 고개를 흔들었다. 파르바티가 좋다는데 더 이상 무슨 말이 필요할까?

신비한 카일라스산 꼭대기에 시바가 꼿꼿이 앉아 있었다. 비록 시바의 몸은 차가운 눈보라와 바람에 어지럽혀 있어도 그의 주변은 늘 향기로운 기운이 가득했다. 오늘 파르바티는 시바의 발 아래에 향기로운 꽃을 하나 바친 채 조용히 물러났다. 어제는 먹음직한 과일을, 그제는 산꼭대기에서 떠 온 깨끗한 눈을 녹인 맑은 물을 시바에게 바쳤다. 그러기를 벌써 수년째였다. 시바에게서 멀찍이 떨어진 뒤 파르바티는 이를 우두둑 갈았다.

"이 데바 녀석들, 내 손에 걸리기만 해 봐라!"

파르바티가 카일라스산에 오른 뒤 아직도 결혼을 못한 건 전적으로 데바들 탓이었다. 그도 그럴 것이 신랑이 될 시바가 결혼할 생각이 전혀 없었다. 아니, 신랑이 결혼의 '결' 자도 꺼내지 않았다는 걸 뒤늦게 알았지만 어쩌겠는가? 파르바티가 데바들의 달콤한 말에 홀라당 넘어갔으니!

"이처럼 아름다우신 파르바티님이시니, 시바님이 한 번만 파르바티님을 쳐다보신다면 당장 결혼하겠다고 할걸요."

"그럼요, 그럼요. 걱정 마세요. 저희들도 전력을 다해 돕겠습니다."

데바들의 허풍을 믿은 건 아니었다. 파르바티가 믿은 건 브라흐마의 예언이었다.

지금 세상은 데바들보다 아수라의 힘이 강한 시기였다. 아수라의 횡포에 지친 데바들은 그들의 창조신인 브라흐마를 찾아가 도움을 청했다.

"불사의 몸을 가진 아수라의 새로운 왕 타라카를 이길 수 있는 이는 시바의 아들뿐이다."

"브라흐마시여, 하지만 시바에게는 아들이 없지 않습니까?"

"시바의 아들은 시바가 파르바티와 결혼하면 태어날 것이다."

브라흐마의 예언을 들은 데바들은 히마바트에게 우르르 몰려가서 파르바티가 시바와 결혼해야 한다고 우겼다. 하지만 신부만 준비가 되면 뭘 하나? 신랑이 될 시바에게는 아무도 입을 뻥긋하지 못하니. 그래서 파르바티가 직접 나서기로 했다.

파르바티는 카일라스산에 올라 시바 옆에서 같이 고행을 시작했다. 아침저녁으로 시바에게 꽃이나 과일, 향을 공양하는 것도 잊지 않았다. 파르바티는 이제나저제나 시바가 꾹 감은 눈을 뜨고 자신을 쳐다봐 주길 간절히 바랐다. 하지만 시바는 파르바티를 쳐다보기는커녕 이때껏 한 번도 눈을 뜨지 않았다.

파르바티만 애가 타는 건 아니었다. 아수라의 힘에 나날이 세력이 줄어드는 데바들도 속이 타들어 가긴 마찬가지였다.

"도대체 시바님은 왜 파르바티님을 쳐다보지도 않는 겁니까?"

"파르바티님처럼 아름다운 여신도 시바님의 명상을 방해할 수 없나 봅니다."

"시바님이 언제 눈을 뜨겠소? 파르바티님과 사랑에 빠질 때까지 이렇게 마냥 기다릴 수가 없소."

"옳으신 말씀이오. 우리가 사랑에 빠지게 해 줍시다."

"어…… 어떻게?"

불쑥 불길한 예감이 든 사랑의 신이 마른침을 삼키며 물었다.

"자네에겐 그 누구든 사랑에 빠지게 하는 사랑의 화살이 있지 않는가? 시바님께 한 방 쏘아 주시게."

"저도 돕겠습니다."

봄의 신이 옆에서 말을 덧붙이자 사랑의 신은 하늘이 노래지는 것 같았다.

'그 무서운 시바님께 감히 화살을 쏘라고?'

모든 준비는 완벽했다. 봄의 신이 부드러운 봄바람을 불어오게 하고 아름다운 꽃잎을 공중에서 흩날렸다. 사랑의 신은 명상 중인 시바의 맞은편에 숨어 숨을 골랐다. 아름다운 외모를 가지고 있던 사랑의 신은 종종 짓궂은 장난을 치곤 했다. 사랑에 빠지면 곤란한 사람들, 가령 순수한 소녀나 순진한 소년, 남의 아내나 수련 중인 고행자에게 사랑의 화살을 날렸다. 그랬기에 시바에게 화살을 쏜다는 사실이 무섭기는 하지만 은근히 설레기도 했다.

'내 화살에 맞으면 제아무리 시바라 할지라도 사랑에 빠질 수밖에 없어.'

그때 봄의 신이 준비를 하라며 신호를 주었다. 아무것도 모르는 파르바티가 오늘도 시바에게 공양하기 위해 다가오고 있었다.

'지금이야!'

신호를 받자 사랑의 신은 제가 가지고 있는 화살 다섯 개 중 가장 강력하고 화려한 꽃 화살을 뽑아 시바에게 힘껏 쏘았다.

피융! 소리를 내며 날아간 화살은 시바의 심장에 정확하게 꽂혔다. 그 순간 시바의 이마에 있던 세 번째 눈에서 강력한 빛이 쏟아졌다. 그 빛은 화살을 쏜 사랑의 신을 순식간에 화르르 불태워 버렸다. 시바는 자신의 수행을 방해한 존재에 대해 불같이 화가 났다.

쾌락의 여신은 자신의 남편인 사랑의 신이 그 자리에서 재가 된 것을 보고 울부짖었다.

"시바시여, 부디 용서하여 주옵소서! 제 남편의 뜻이 아니었습니다. 모든 데바들이 그에게 활을 쏘아야만 한다고 했습니다. 사랑의 신이 없다면 그 어떤 인간이 사랑의 기쁨과 행복을 누리겠습니까? 제발 그를 소생시켜 주세요."

쾌락의 여신이 간절히 부탁했지만 시바의 화는 풀리지 않았다. 다만 세상에 사랑이 없다는 건 안 될 일이긴 했다.

"너의 남편을 소생시켜 주겠다. 하지만 그의 죄가 사라지는 건 아니므로 이제부터 그는 온전한 육체 없이 오직 정신만으로 존재하게 될 것이다."

시바는 재로 변한 사랑의 신을 살려 냈지만, 그의 말대로 사랑의 신은 육체 없이 정신으로만 살아가게 되었다. 시바는 다시금 눈을 감고 명상을 이어 나갔다. 하지만 좀처럼 정신을 집중할 수가 없었다. 그가 명상을 하던 자리 아래에서 겁에 질려 울던 자그마한 여신의 모습이 자꾸만 눈앞에 어른거렸기 때문이다.

시바는 누추한 고행자로 모습을 바꾼 채 파르바티가 머물고 있는 동굴로 찾아갔다. 파르바티는 무릎에 얼굴을 묻은 채 울고 있었다. 시바의 서늘한 눈길과 얼음장 같은 태도를 볼 때, 그가 자신을 사랑하게 될 일은 없어 보였다.

"아름다운 아가씨, 어찌 그리 슬피 우나요?"

고행자로 변장한 시바의 말에도 파르바티는 고개를 들지 않았다. 그저 자신의 슬픔을 방해하는 고행자에게 짜증이 났다.

"아가씨, 혹시 당신은 시바의 사랑을 얻으려고 이렇게 고행을 하고 계시나요? 참으로 안타깝군요. 시바는 당신에게 어울리지 않는 신이랍니다. 당신은 이처럼 아름답고 깨끗하지만 시바는 숲속이나 음습한 무덤가에서 온몸에 뱀을 두르고, 재를 뒤집어쓰고 돌아다니던 더러운 자입니다. 그런 지저분하고 더러운 신과 어울리려고 하지 말고, 당신의 집으로 돌아가세요."

고행자가 뭐라 하든 상대도 하지 않으려 했던 파르바티였지만, 그 누구든 시바를 흉보는 건 참을 수 없었다. 파르바티는 벌떡 자리에서 일어나 외쳤다.

"어리석은 고행자야, 어찌하여 네가 감히 시바님을 욕되게 하느냐? 외모에 현혹되어 시바님의 아름답고 위대한 영혼을 알아보지 못하는 너의 어리석음이야말로 참으로 안타깝구나."

파르바티가 감히 시바를 흉본 고행자에게 어떤 벌을 줄까 고민하는 찰나, 시바가 제 모습을 보였다.

"시…… 시바님!"

파르바티는 놀라 눈을 동그랗게 뜬 채 다시금 자리에 주저앉았다. 파르바티의 눈을 본 순간 시바 역시 깜짝 놀랐다.

'사티, 그대가 드디어 환생을 하였구려. 이처럼 아름다운 여신으로. 하

지만 성격은 여전하군.'

시바는 파르바티 옆에 몸을 숙여 앉은 뒤 그녀의 머리를 조심스럽게 쓰다듬었다.

"아름다운 이여, 나의 아내가 되어 주겠소?"

춥고 어둡던 카일라스산에 봄바람이 살랑살랑 불어오고 있었다.

사티, 그녀는 성자 닥샤의 딸이자 우주 창조의 신인 브라흐마의 손녀였다. 사티는 매우 아름답고 신앙심이 깊은 여인이었기에, 닥샤는 딸에 대한 자부심이 넘쳐흘렀다. 닥샤는 딸의 남편 될 이를 사티 스스로 선택할 수 있도록 인도의 모든 신을 자신의 집에 초대했다. 하지만 지저분하고 제멋대로인 시바만은 초대하지 않았다. 그의 딸에게는 어울리지 않는 신이라 생각한 것이다. 하지만 사티가 오래전부터 남몰래 사랑해 오던 이는 시바였다.

"네가 꽃을 건네는 이가 네 신랑이 될 것이다."

아버지의 말에 얼마나 가슴이 벅차올랐는가? 하지만 시바가 집에 초대되지 않았음을 알고 사티는 절망하였다. 사티는 가지고 있는 꽃을 하늘 높이 던지며 간절히 기도했다.

'시바님, 부디 제가 던진 이 꽃을 받아 주세요. 저의 남편이 되어 주세요.'

사티가 남편을 선택하지 않고 허공에 꽃을 던지는 걸 모두가 놀라 쳐다보는데, 놀랍게도 그 순간 허공에서 시바가 나타나 꽃을 받았다.

닥샤는 못마땅했지만, 사티의 꽃을 받은 이를 사위로 삼겠다는 자신의 말을 엎을 순 없었다. 사티와 시바는 화려하게 결혼한 뒤 카일라스산으로 들어가 행복한 신혼 생활을 보냈다.

얼마 뒤, 사티와 시바는 자신들의 결혼식에 와 준 신들을 카일라스산으로 초대했다. 닥샤는 비록 사위가 맘에 들진 않지만, 자신은 사티의 아버지이자 시바의 장인이므로 시바가 자신을 특별하게 대우해 줄 거라 생각했다. 하지만 시바는 닥샤를 딱히 특별히 대하지도 않았고, 특별난 대접도 해 주지 않았다. 시바가 자신을 무시한다고 생각한 닥샤는 화를 주체할 수가 없었다. 그날 이후 닥샤는 걸핏하면 시바의 흉을 보고 다니기 시작했다.

시바는 빙그레 웃으며 괜찮다고 했지만 사티는 그런 아버지가 너무 부끄럽고, 남편인 시바에게 미안했다. 닥샤는 자신의 비난과 조롱에도 아무렇지도 않아 하는 시바를 보자 더 화가 났다. 부아가 치밀었다. 그래서 자신의 집에서 큰 잔치를 열면서 사티와 시바를 부르지 않았다. 그들만 초대되지 않았다는 걸 안다면 시바가 제 잘못을 알게 될 거라 생각했다.

시바는 아랑곳하지 않았지만, 사티는 견디기 어려웠다.

"나는 초대받지 않은 잔치에 갈 생각이 없소. 하지만 굳이 그대가 가고자 한다면 다녀오시오."

사티는 아버지에게 찾아가 공손히 인사를 했지만, 닥샤는 인사조차 받으려고 하지 않았다.

"너는 초대를 받지도 않았는데, 내 집에 오다니 뻔뻔하구나."

"아버지, 부디 노여움을 풀고 당신의 사위인 시바님도 초대해 주세요. 아버지의 즐거움에 함께하고 싶습니다."

"시바는 나의 잔치에 참석할 자격이 없다. 그가 얼마나 오만하고 방자한 신인 줄 아느냐? 재를 뒤집어쓰고도 더러운 줄 모르는 녀석이다."

닥샤는 마치 포문을 열 듯 시바를 헐뜯기 시작했다. 더 이상 참을 수 없었던 사티가 소리쳤다.

"제가 아버지의 딸이라는 게 너무나도 부끄럽습니다. 시바님은 위대한 신이에요. 감히 아버지가 잔치에 참여할 자격이 있다 없다 논할 수도 없는 분이라고요. 도리어 아버지는 시바님이 참석해 주시면 영광으로 아셔야 해요."

"이런 버르장머리 없는 것 같으니. 내가 너를 어찌 키웠는데, 감히 내게 그런 말을 해!"

"저는 더한 말도, 더한 행동도 할 수 있어요. 아버지께서 제게 주신 몸을 버림으로 시바님의 명예를 되찾겠어요."

누가 말릴 틈도 없이 사티는 마당에 피워 놓은 불 속으로 뛰어들었다.

사티가 남편의 명예를 되찾기 위해 스스로 불 속에 뛰어들었다는 소식을 듣자마자 시바는 헐레벌떡 달려왔다. 싸늘하게 죽어 있는 사티를 본 시바의 분노는 하늘을 찔렀다. 시바는 제 머리칼을 뜯어내며 외쳤다.

"이 자리에 있는 모든 자를 죽여 버리리라!"

시바

시바는 파괴를 통해 창조를 이끄는 신이다. 수많은 힌두교 신 중 시바는 비슈누와 더불어 대중에게 널리 숭배되어 왔다. 시바는 양면적인 성격을 지닌 신으로, 때로는 파괴적이면서 창조적이고, 정적이면서도 역동적이다. 시바는 인도인들의 뿌리 깊은 신앙 관념을 반영하고 있는데, 그는 끊임없이 순환하는 세계가 종말을 맞을 때마다 파괴의 임무를 맡는다고 하여 파괴의 신으로 알려져 있다. 힌두교에서는 모든 창조물은 시간이 지나면 반드시 해체되어야 하며, 바로 그 해체의 역할을 담당하는 신이 시바라고 한다. 따라서 힌두교 신화에서는 파괴나 해체는 결코 부정적인 의미가 아니라 새로운 창조를 향한 통로의 역할을 한다고 볼 수 있다.

시바의 머리카락은 곧장 마귀로 변하여 칼을 휘둘렀고, 잔칫집은 거대한 살육장으로 변하였다. 시바는 구석에 숨어 벌벌 떨고 있는 닥샤를 끌어내어 직접 그의 목을 베었다.

그날 이후 시바는 정신을 놓은 채 사티의 시신을 어깨에 둘러메고 전국을 떠돌기 시작했다. 그의 슬픔과 괴로움이 너무나 커, 시바가 나타나는 곳마다 어둠으로 덮였다.

보다 못한 데바들은 비슈누를 찾아갔다.

"사티의 모습이 사라지지 않는 한 시바의 슬픔도 사라지지 않을 것이다."

비슈누는 자신 말고는 이 일을 해결한 신이 없다는 걸 알았다. 그래서 비슈누는 새들의 왕인 가루다를 타고 자신의 무기인 차크라를 든 채 시바를 찾아갔다. 시바는 사티를 잃은 슬픔과 분노에 아무것도 보지 못하고 있었다. 비슈누는 차크라로 시바가 어깨에 둘러멘 사티의 시신을 모래알처럼 산산이 조각내어 온 세상에 뿌렸다. 그러자 시바가 정신을 차린 듯했다.

하지만 시바는 여전히 슬퍼하며 산산이 흩어진 사티의 시신을 모으러 다녔다. 그런 시바의 마음을 알기라도 하듯 세상에 모래알처럼 흩어졌던 사티의 몸이 점차 하나로 모여들었다. 사티의 몸은 하얗고 단단한 돌, 요니로 변했다. 시바는 그제야 빙그레 웃으며 요니를 가슴에 소중히 품은 채 자신의 거처인 카일라스산으로 돌아왔다. 시바는 제 몸을 검고 단단한 돌인 링가로 변하게 한 뒤 요니 위에 살포시 앉았다. 다시 사티가 환생하기를 기다리고 기다리면서 시바는 명상에 들었다.

얼마나 시간이 흘렀는지, 그동안 무슨 일이 벌어졌는지 그는 별 관심도 없었다. 그런데 오로지 명상을 하면서 사티를 기다렸던 시바가 난데없는 화살을 맞고 깨어난 것이다.

시바가 명상을 하는 동안 아수라의 왕이 된 마히샤가 자신의 강력한 힘을 믿고 날뛰며 데바들을 괴롭혔다. 데바들은 한자리에 모여 그들이 가진 가장 강력한 신성을 내뿜어 새로운 여신, 두르가를 만들어 냈다. 두르가는 많은 팔을 가지고 있었는데, 데바들은 그녀에게 자신들이 가진 가장 강력하고 힘이 센 무기를 선물로 주었다. 산신 히마바트는 그녀가 타고 다닐 날쌔고 강한 호랑이를 선물해 주었다.

두르가는 많은 팔을 휘두르며 아수라를 물리쳤다. 아수라의 왕 마히샤는 물소로 변하여 달려들었지만, 두르가는 손쉽게 그의 목을 잘랐다. 마히샤가 죽자 데바들의 힘이 강해졌고 다시금 세상은 평화로워졌다. 그러자 두르가 역시 착하고 아름다운 파르바티로 모습을 바꾸고 산의 신 히마바트의 딸로서 살아왔다.

시바는 그녀가 태어나 자라는 모습을 지켜보지 못한 게 안타까웠지만 이렇게 다시 환생한 아내를 만난 것이 무척 행복했다.

한편 인도의 북쪽에는 아요디아라는 작은 왕국이 있었다. 아요디아 왕국에서는 일 년에 한 번 말을 풀어놓게 한 뒤, 그 말을 따라다니며 지키다 신에게 바치는 풍습이 있었다. 말을 받은 신들은 흡족해하며, 그 말이 돌아다닌 땅을 아요디아의 왕에게 주었다. 말이 돌아다니는 모든 땅이 왕국의 것이 되니, 아요디아의 왕들은 점점 교만해지기 시작했다.

데바의 왕인 인드라는 아요디아의 인간들이 괘씸했다. 신들의 은총으로 나라가 안녕과 번영을 누린다는 것도 모르고, 제가 잘나서 넓은 영토를 가지게 되었다고 믿는 인간이 어리석어 보였다. 그래서 인드라는 말을 훔쳐다가 지하 세계에 가두었다. 지하 세계로 말을 찾으러 온 아요디아의 수많은 왕자들은 목숨을 잃었다.

그중 바기라타는 아요디아의 성자로 새롭게 아요디아의 왕이 된 사람이었다. 그는 지하 세계로 내려와 우여곡절 끝에 말을 찾아 신들에게 제

사를 지냈지만, 이미 선대의 많은 왕자들이 목숨을 잃은 뒤였다. 바기라타는 왕자들의 영혼이 너무나도 불쌍하였고, 또 인간이라 짓게 되는 수많은 죄들로 가슴이 아팠다.

바기라타는 오랜 수행을 하면 소원이 이루어진다는 걸 알았다. 그는 왕위를 버리고 시바가 사는 카일라스산으로 올라가 고행을 시작했다. 바기라타는 한쪽 발을 들고, 또 다른 한쪽 발은 태양을 향해 세웠다. 그렇게 수십 년 동안 혹독한 눈보라를 견디며 수행을 하자, 시바도 그를 모른 체할 수 없었다.

시바가 바기라타 앞에 나타나 물었다.

"네가 고행의 대가로 갖고 싶은 소원이 무엇이냐?"

바기라타가 대답하였다.

"시바 신이여, 하늘에 흐르는 갠지스강에 몸을 담그면 죄 씻김을 받아 영혼이 구원받을 수 있다 합니다. 그 갠지스강이 부디 인간 세상으로 흐르게 하여 주옵소서."

시바는 곧장 갠지스강의 여신인 강가를 찾아갔다. 그리고 하늘에서 땅으로 내려갈 것을 요구했다. 갠지스강의 여신인 강가는 지저분한 땅으로 내려가고 싶은 마음이 전혀 없었다. 언제까지고 아름다운 하늘에서 유유히 흘러 다니고 싶었다. 하지만 시바의 명을 거절할 능력도, 힘도 없었다. 강가는 감히 땅에 내려와 줄 것을 요구하는 인간들도 싫었고, 그런 보잘것없는 인간의 소원을 들어주는 시바도 못마땅했다.

'시바, 힘없는 내가 너의 뜻을 어찌 거부할 수 있겠는가? 하지만 네 뜻대로 그렇게 호락호락 당해 주진 않을 테다!'

강가는 굳은 얼굴로 곧장 하늘에서 땅으로 뛰어들었다. 자신이 가진 모든 물을 쏟아부어 땅에 사는 인간들을 쓸어 버릴 생각이었다. 하지만 강가보다 시바가 더 빨랐다. 시바는 하늘에서 떨어지는 강가를 사뿐히 받아들었다. 갠지스강은 시바의 구불구불한 머리카락을 타고 땅으로 흘러내렸다. 이렇게 해서 갠지스강은 인도의 북부를 동서로 가로질러 북동부에 있는 만으로 흘러 들어가게 되었다. 그 이후 사람들은 갠지스강에서 목욕을 하며 자신의 죄를 씻고 기도를 드리게 되었다.

카일라스산에서 시바와 파르바티는 행복한 시간을 보내고 있었다. 시바가 한 번씩 수행을 하기 위해 잠깐 집을 비울 때 말고는 둘은 항상 함께 붙어 다녔다.

"시바, 당신은 왜 이마에 눈을 하나 더 가지고 있나요?"

"궁금하면 내 눈을 가려 보오."

파르바티가 살포시 시바의 눈을 손으로 가리자 세상이 어두워지기 시작했다. 그 어둠을 틈타 아수라가 세상을 어지럽히고 사람들을 괴롭혔다. 파르바티가 깜짝 놀라 손을 떼자 시바가 빙그레 웃었다.

"어둠을 몰아내기 위해서는 눈이 하나 더 필요하다오."

파르바티는 다시금 시바의 강한 힘에 매료되었다.

시바와 파르바티

인도의 힌두교 신 중 시바와 그의 배우자인 파르바티를 표현한 조각상이다. 이 조각상은 굽타 시대 이후 북인도에서 유행한 시바 조각상 형식 중 하나이다. 시바 사원의 외벽에 마련된 독립된 성소에 모셔졌던 것으로 추정된다. 황소 난디를 탄 시바와 파르바티를 중심으로, 양측에는 이들의 아들인 가네샤와 카르티케야가 앉아 있고, 윗부분에는 브라흐마, 비슈누를 비롯한 신 일곱 명이 등장한다.

시바와 파르바티

"파르바티, 내가 잠시 수행을 위해 집을 떠나도 되겠소?"

시바는 힘든 수행을 통해 절대적인 힘을 갖게 된 신이었다. 절대적인 힘을 갖게 된 뒤에도 시바는 수행과 명상을 멈추지 않고 끊임없이 자신을 갈고닦았다.

"네, 다녀오세요."

시바가 집을 떠나자 파르바티는 곧 심심해졌다. 둘이 함께 있다 혼자가 되니 외롭다는 생각도 들었다.

"아이가 있었으면 좋겠다."

하지만 자신의 아이가 아수라와 싸우는 건 싫었다. 그녀 자신도 두르가로 태어나 아수라와 싸운 경험이 있기에 그 일이 얼마나 힘든지 누구보다 더 잘 알고 있었다. 파르바티는 차라리 자신이 싸웠으면 싸웠지 그렇게

카일라스산의 소란스러운 가족　133

힘든 일을 아이에게 떠넘기기는 싫었다. 그러자 다시금 자신과 시바의 결혼을 밀어붙였던 데바들이 괘씸해졌다. 물론 덕분에 시바와 행복한 날을 보내고 있지만, 데바들의 뜻대로 아이를 낳긴 싫었다.

"그래, 내 아이를 만들자. 내가 만든 아이니까 시바님의 아들은 아니잖아."

파르바티는 진흙으로 팔이 넷 달린 예쁘장한 아이를 만들었다. 파르바티는 아이에게 가네샤라는 이름을 지어 주고 행복과 번영의 축복을 쏟아 부었다. 가네샤는 곧장 살아 움직이며 파르바티를 졸졸 따라다녔다. 파르바티도 자신의 아이가 귀엽고 사랑스러웠다.

하루는 파르바티가 목욕을 하려는데 가네샤가 떨어지려고 하지 않았다.

"가네샤, 엄마는 목욕을 해야 한단다. 밖에 나가서 놀고 있으렴."

"저도 같이 목욕할래요."

파르바티는 가네샤에게 커다란 몽둥이를 쥐어 주며 말했다.

"가네샤, 만약 우리 둘이 목욕을 하고 있는데, 아수라가 우리를 훔쳐보면 어떡하지? 아니면 아수라가 공격을 해 오면 어떡하지? 우리는 놀라 당황해서 아수라에게 당할지도 몰라. 그러니까 가네샤 네가 이 몽둥이를 들고 엄마가 목욕하는 동안 우리 집 앞을 지켜 주고 있을래?"

가네샤는 그러겠다고 고개를 끄덕였다. 제 엄마는 자기가 지키겠다는 열의가 충만했다. 몽둥이를 꽉 움켜쥔 가네샤를 보고 파르바티는 웃음을 터뜨리며 집 안으로 들어갔다.

하필 그때 시바가 집으로 돌아왔다. 그런데 집 앞에 선 웬 꼬마가 몽둥이를 들고 시바에게 달려드는 게 아닌가?

"우리 엄마는 내가 지킬 테야!"

"감히 내 앞을 가로막는 것도 모자라 내게 달려들다니!"

시바는 한 번의 손짓으로 가네샤의 목을 잘라 버렸다. 가네샤의 머리는 북쪽으로 날아갔는데, 떨어지는 소리가 들리지도 않을 만큼 멀리 사라졌다.

목욕을 마치고 나온 파르바티는 새파랗게 질렸다. 시바의 발밑에 놓인 목 없는 가네샤라니!

"가네샤!"

시바는 조금 당황한 목소리로 물었다.

"아는 아이요?"

파르바티는 대답도 하지 않고 가네샤를 품에 안고 엉엉 울었다.

"파르바티, 울지 마오. 내가 이 아이를 다시 살려 주겠소. 그러니 그만 우시오."

하지만 아무리 찾아도 자신이 날려 보낸 가네샤의 머리가 보이지 않았다. 이를 어찌하면 좋을까 끙끙대는데, 때마침 시바 앞으로 코끼리 한 마리가 지나가고 있었다.

"옳거니!"

시바는 코끼리의 머리를 잘라 가네샤의 목에 붙여 다시 살려 내었다.

"보시오. 당신이 만든 몸에 내가 만든 머리이니, 이제 가네샤는 진짜 우리 아이가 되지 않았소. 어찌 우리 아이를 혼자 만들었단 말이오."

파르바티는 코끼리 머리를 단 가네샤를 보고 웃음을 터뜨렸다.
"네, 정말 귀여운, 우리 아이예요."
"감히 시바인 나에게도 덤벼들 정도로 강한 녀석이니, 나도 안심이 되오. 집을 비울 때마다 당신이 혹여나 잘못될까 걱정이 되었거든."
파르바티는 행복한 미소를 지으며 시바의 어깨에 얼굴을 기대었다.

시바와 파르바티는 행복했지만, 데바들은 그렇지 못했다.
"아니, 신혼도 한두 해면 충분하지, 도대체 왜 수백 년 동안 카일라스산에서 내려오시질 않는 거야?"
"정말 시바님도, 파르바티님도 너무하시네."

"왜 아이는 안 낳으시는 거지? 우리는 어쩌라고."

"이럴 게 아니라 누군가 빨리 시바님, 아니 파르바티님에게 가서 아이를 낳으시라고 부탁을 해 봐야 하지 않겠소?"

"누…… 가요?"

그들의 머릿속에 카일라스산에 올랐다가 육체가 사라진 사랑의 신이 떠올랐다. 누군가 가긴 가야 했지만, 자신들은 가고 싶지 않다는 게 데바들의 속마음이었다.

결국 데바들의 간절한 소망을 전달해 줄 전령으로 불의 신 아그니가 뽑혔다. 아그니는 앵무새로 변하여 카일라스산으로 올라갔다.

아그니는 카일라스산에 있는 시바와 파르바티의 집에 오긴 왔는데, 감히 대문을 두드릴 용기는 나지 않았다. 아그니는 창가에 앉아 조심스럽게 집 안을 살펴보았다.

우연찮게 창문을 내다보던 파르바티는 깜짝 놀라 소리쳤다.

"시바, 웬 앵무새가 우리 집을 훔쳐보고 있어요!"

아그니 역시 놀라긴 마찬가지였다. 달아나려는데 시바가 냉큼 앵무새를 붙잡았다.

"이 앵무새가 배가 고픈 모양이오. 자, 이 씨앗을 먹고 돌아가렴."

시바는 제 몸속에서 뜨거운 씨앗을 하나 뽑아내어 앵무새의 입안에 넣어 주었다. 시바가 놓아주자마자 아그니는 파닥파닥거리며 줄행랑을 쳤다. 하지만 시바가 넣어 준 씨앗이 어찌나 뜨거운지 불의 신인 아그니조

카일라스산의 소란스러운 가족　137

차 견딜 수 없었다.

아그니는 입에 든 씨앗을 갠지스강에 뱉으며 말했다.

"앗, 뜨거워! 입안이 홀라당 타 버렸어. 쳇, 나도 할 만큼은 했다고."

이렇게 말한 뒤 아그니는 날아가 버렸다.

갠지스강의 여신 강가 역시 시바의 뜨거운 씨앗을 감당할 수 없었다.

"이런, 내 강물이 다 말라 버리겠네."

강가는 씨앗을 갠지스강의 풀숲으로 던져 버렸다. 그런데 풀숲에 던져진 씨앗이 점점 자라더니, 귀여운 아기로 변하는 게 아닌가? 아기는 물줄기를 따라 엉금엉금 기어갔다.

아기를 발견한 건 갠지스강에서 목욕하던 북두칠성의 여섯 여신들인 크리티카였다.

"어머나, 웬 아기이지? 아기 엄마는 어디 있는 거야?"

아무리 둘러보아도 아기 엄마로 보이는 사람이 없었다. 그러자 크리티카들은 서로 자기가 아기를 키우겠다며 실랑이를 벌였다.

"내가 먼저 발견했으니 이 아이는 내가 키워야 해."

"무슨 말이야? 젖이 가장 많은 내가 키우는 게 맞아."

"그렇지 않아. 나만큼 아이를 잘 키울 수 있는 여신이 어디에 있다고?"

여섯 여신들은 서로 한 치의 물러섬 없이 자기가 아기의 엄마가 되어야 한다고 우겼다. 그러자 아기가 까르르 웃으며 말했다.

"싸우지들 마세요. 제가 여섯 여신님 모두의 아이가 될게요."

아기가 두 팔을 벌리자 팔이 열두 개로 불어났다. 아기는 많은 팔로 여신들을 껴안고는 여섯 여신의 젖을 한꺼번에 빨았다. 이렇게 해서 아이는 크리티카의 아이, 즉 카르티케야로 불리게 되었다. 북두칠성의 여신들이 신기한 아이를 양자로 들였다는 소식을 듣고 많은 데바들이 찾아왔지만, 그 아이가 그토록 바라던 시바의 아들인 것을 아무도 알지 못했다.

오랫동안 데바들을 이끌어 온 데바의 왕은 인드라였다. 인드라는 천둥번개의 신으로 전쟁의 신이기도 했다. 가끔씩 아수라에게 지기도 했지만, 인드라는 전쟁을 승리로 이끌어 인간과 데바들의 존경을 한 몸에 받고 있었다. 하지만 데바들만큼이나 아수라는 강했다. 그들은 끊임없이 나타났고, 특히나 이번에 새롭게 아수라의 왕이 된 타라카는 불사의 몸이나 다름없었다. '시바의 아들이 아니고서는 그를 죽일 수 있는 자는 없다.'라는 브라흐마의 예언을 받은 자이기도 했다.

그러나 시바는 데바들과 아수라의 오랜 전쟁에 관심이 전혀 없었고, 그에게는 아들도 없었다. 심지어 아들을 낳을 생각조차 없는 듯했다. 아수라의 혼란에서 오랫동안 인간 세상을 지키는 건 온전히 인드라의 몫이었는데, 데바들은 끊임없이 있지도 않은 시바의 아들만을 손꼽아 기다렸다.

그러던 차에 카르티케야에 대한 소문이 돌았다. 그의 능력이 뛰어나 그를 따르는 데바들이 많다고 했다.

"건방진 녀석 같으니! 새파랗게 젊은 녀석이 능력이 뛰어나 봐야 내 손바닥 안이지."

인드라는 애써 그를 무시하려고 하였지만, 그에 대한 소문은 끊임없이 밀려들어 왔다. 어쩌면 자신의 자리를 그에게 빼앗길지도 모른다는 생각이 들었다.

"뺏기기 전에 없애 버리면 될 일이야."

인드라는 부하들에게 카르티케야의 암살을 지시했다. 하지만 카르티케야에게 갔던 그의 부하들은 도리어 카르티케야의 손에 목숨을 잃었다. 이제 인드라가 직접 상대해야만 했다.

커다란 코끼리에 올라탄 인드라는 자신의 무기인 번개를 들고 카르티케야에게 달려들었다. 빠르고 날카로운 번개의 일격에 카르티케야의 옆구리에 긴 상처가 생겼다.

"하하하. 그러면 그렇지. 네 녀석이 아무리 능력이 뛰어나다 하더라도, 오랜 세월 전쟁터에서 뼈가 굵은 나에 비하면 애송이일뿐이다."

인드라의 말이 끝나기도 전에 카르티케야의 벌어진 옆구리 상처에서 젊은 전사가 불쑥 튀어나왔다. 온몸을 빛으로 휘감은 젊은 전사를 보고 인드라는 깨달았다.

"아, 네가 시바의 아들이구나."

인드라는 코끼리에서 뛰어내려 카르티케야 앞에 무릎을 꿇었다.

"내가 비록 오랫동안 데바의 왕으로 지내 왔으나, 이제 나의 시대는 끝이 났소. 당신이 새로운 데바의 왕이 되어 아수라와의 전쟁을 승리로 이끌어 주길 바라오."

그러자 카르티케야가 인드라를 일으켜 세웠다.

"데바의 왕이시여, 그럴 수 없습니다. 저를 그저 당신의 사령관으로 삼아 아수라와의 전쟁에서 선봉장이 되게 해 주십시오. 그것이 나의 본분이며 나의 역할입니다."

인드라가 고개를 끄덕였고, 데바들은 그들이 그토록 기다려 온 시바의 아들을 향해 환호성을 질렀다.

카르티케야가 아수라와의 전쟁에 총사령관으로 임명되던 날, 브라흐마는 그에게 무엇이든 뚫을 수 있는 창을 선물로 주고, 시바는 그에게 커다란 공작새를 주었다.

카르티케야는 공작새를 타고 아수라의 왕 타라카의 심장을 창으로 찔렀다. 이로 인해 세상은 또다시 데바들의 차지가 되었다.

드디어 세상에 평화가 찾아

온 것이다.

하지만 아수라는 언제든 다시 살아날 테고, 그들은 언제나 호시탐탐 세상을 혼란에 빠뜨릴 기회를 엿보고 있다.

힌두교와 힌두교 신들

인도에서 힌두교는 비슈누파, 시바파, 여신을 숭배하는 샤크티파로 나눌 수 있다. 그러나 힌두교에서 종파의 구분은 큰 의미가 없다. 실제로 힌두 사원에 가면 여러 신이 함께 있고, 신도들도 차별 없이 모든 신들에게 경배를 한다. 인도에는 다양한 신들에 대한 수많은 신화가 존재하고, 최근까지도 신과 신화를 만들어 내는 경향은 계속되고 있다. 이러한 현상은 힌두교가 인도인들의 일상생활 곳곳에 깊숙이 영향을 미쳐 온 종교라는 사실을 알려 준다. 인도인들은 힌두교 사원에서만 그들의 종교를 만나는 것이 아니라 삶의 공간에서도 신앙과 신화를 이어 가고 있다.

비슈누

신화로 만나는 세계 문명

초판 1쇄 발행 2020년 02월 03일
초판 2쇄 발행 2021년 02월 01일

글 김일옥 그림 배철웅

ⓒ 김일옥, 배철웅 2020

ISBN 979-11-90267-46-5 73800

* 저작권법에 의하여 한국 내에서 보호를 받는 저작물이므로 무단 전재와 무단 복제를 금합니다.
* 이 도서의 국립중앙도서관 출판예정도서목록(CIP)은 서지정보유통지원시스템 홈페이지(http://seoji.nl.go.kr)와
  국가자료종합목록 구축시스템(http://kolis-net.nl.go.kr)에서 이용하실 수 있습니다. (CIP제어번호: CIP2020002149)
* 책값은 뒤표지에 있습니다.
* 잘못 만들어진 책은 구입하신 곳에서 바꾸어 드립니다.

발행처 주식회사 스푼북 | 발행인 박상희 | 출판신고 2016년 11월 15일 제2017-000267호
제조국 대한민국 | 주소 (03993) 서울시 마포구 월드컵북로 6길 88-7 ky21빌딩 2층
전화 02-6357-0050(편집) 02-6357-0051(마케팅) | 팩스 02-6357-0052 | 전자우편 book@spoonbook.co.kr
*10세 이상 어린이 제품

	제품명 신화로 만나는 세계 문명	**제조자명** 주식회사 스푼북	**제조국명** 대한민국	⚠ 주 의
	전화번호 02-6357-0050	**주소** 서울시 마포구 월드컵북로 6길 88-7 ky21빌딩 2층		아이들이 모서리에 다치지
	제조년월 2021년 02월 01일	**사용연령** 10세 이상		않게 주의하세요.
	※ KC마크는 이 제품이 공통안전기준에 적합하였음을 의미합니다.